있는
그대로
나답게

철 학 과
명상으로
행복하기

있는
그대로
나답게

도연 지음

특별한서재

내 삶의 주인으로 살아간다는 것

'나는 지금 잘 살고 있는 걸까?'

대학 생활에 지치고 힘들 때면 이런 질문을 제 자신에게 하곤 했습니다. 그 당시 어떤 진로를 정해야 할지 혼란스러웠고 무엇보다 삶에 자신이 없었거든요. 다른 학생들은 괜찮아 보였어요. 다들 공부와 대학 생활에 흥미를 느끼며 즐거워 보였고 저만 방황하는 것 같았습니다. 대학을 졸업하고 대학원 과정을 거쳐 취업을 하는 게 나에게 맞는 길인지 자꾸 의심이 들고 헷갈렸습니다. 열심히 공부하고 취업하면 어느 정도는 안정적인 삶이 보장될 것 같았습니다. 하지만 그것은 왠지 제 길이 아닌 것 같았어요.

그렇게 걱정과 고뇌로 가득 찬 1년을 보내고 돌연 출가하기로 결심했습니다. 부모님을 비롯한 주변의 지인들은 극구 반대했습니다. 저를 걱정해서 하는 말인 줄은 알았지만 그렇다고 내 뜻을 꺾고 싶지 않았어요. 아무리 가까운 사이더라도 내 인생을 대신 살아줄 수도 없고, 내 삶은 내가 책임지는 거니까요. 결심이 섰기에 미련 없이 걸어가기로 했습니다. 내가 원하는 삶을 찾기 위한 항해의 시작이었어요. 단지 나다운 것이 무엇인지 알고 싶었고 그렇게 살기 위한 첫

걸음을 내디뎠습니다.

출가자로서의 삶은 군 생활을 방불케 했어요. 규칙적인 생활 속에서 경전을 익히고 수행에 정진하는 일련의 과정이었기 때문이죠. 주로 불교의 텍스트와 방법론 위주여서 그것만으로는 내 길을 찾기에 부족하다는 생각이 들었습니다. 나에게 필요한 공부라면 닥치는 대로 다 해보자는 마음이었어요. 누구의 가르침이냐보다 더 중요한 것은 자기 안의 진실이라고 생각해요. 자기보다 더 확실한 출처는 세상 어디에도 없기 때문이죠. 어느 것이든 내 안에서 던지는 질문의 답을 찾는 데 도움이 된다면 배우고 익혀서 활용해야 한다는 게 제 지론입니다.

붓다의 가르침이 담긴 『법구경』에 이런 구절이 있습니다. "진리에 대해 많이 말한다고 해서 그가 진리를 진정 실천하는 삶을 사는 것은 아니다. 그러나 진리를 들은 적이 없다 해도 자기 몸을 통해 자연의 법칙을 본다면, 그가 진정 진리의 삶을 사는 자이며 진리를 절대 잊어버리지 않는다." 그리고 예수는 "진리가 너희를 자유롭게 하리라"라고 말했습니다.

종합해보면, 내 스스로 깨달은 진리는 자유롭고 행복한 삶으로 이끄는 힘이 된다는 것입니다. 붓다와 예수를 비롯한 성인들의 말씀은 들을수록 새롭고 정신을 깨워줍니다. 하지만 좋은 말씀을 많이 들었다 해도 아직 내 것이 아닙니다. 그 진리를 직접 깨닫기 전까지는요. 삶을 통해 실험해보고 체험으로써 확인되지 않으면 아무런 의미가

005

여는 글

없습니다. 오히려 많이 아는 것이 자기만의 편협한 생각과 고정된 틀에 갇히는 꼴이 될 수도 있어요.

세상에는 다양한 종교와 철학이 있고 훌륭한 가르침도 많습니다. 다양하게 있다 보니 서로 상충되기도 하고 비슷하게 만나는 지점도 생깁니다. 그 경계에서 생기는 물리적·화학적 결합이 이 세상에 필요한 창조적인 결과물을 만들게 됩니다.

물리학자 베르너 하이젠베르크는 "인류의 사상사에서 두 개의 다른 사상의 조류가 만나는 지점에서 가장 풍요로운 발전이 일어난다는 것은 아마도 타당한 얘기일 것이다. 이러한 조류는 인류 문화의 전혀 다른 분야에, 상이한 시대와 문화 환경과 종교적 전통에 그 근원을 두고 있다"라고 했습니다. 또한 철학자 프리드리히 막스 뮐러는 "하나의 종교만을 아는 이는 종교를 모른다"라고 했습니다.

저는 모태 신앙을 가진 기독교인이었고, 출가를 하면서 불교인이 됐습니다. 그러나 저는 어느 종교에도 속해 있다고 생각하지 않습니다. 어떤 하나의 종교와 사상에만 빠져 있으면 우물 안 개구리의 신세를 면하지 못할 것이라고 생각하기 때문입니다. 제 삶에서 수행은 내가 가야 할 길을 찾는 것이었고, 스스로가 만족할 수 있는 삶을 사는 것이었습니다. 누군가에게 가르침을 받는 것도 함께 어울려 사는 것도 제가 진리의 사람으로 거듭나기 위한 과정이었습니다. 그 당시에는 답이었어도 시간이 지나면 답이 아닐 수 있음을 알았어요. 변화하는 세상과 나 사이에 고정된 답이란 있을 수 없으니까요. 그래서 그동안 저의 정신세계를 지탱해왔던 이념과 가치에 내린 사상적 뿌리를 뽑아내기로 했습니다. 지금까지 내가 참이라고 믿었던 진리와 깨달음도 거짓일 수 있기 때문입니다.

사상가 함석헌의 어록이 담긴 『너 자신을 혁명하라』에는 이런 말이 쓰여 있습니다.

"생각하면 깨닫게 된다. 깨닫고 보면 인생관이 달라진다. 세속주의에서는 잘 먹고 잘 입고 명예를 누리며 권세를 휘두르고 살자는 것이 목적이다. 그러나 인생의 참모습을 깨닫고 나면 그 모든 것이 다 떨어져나간다. 그것은 마치 초겨울 마른 갈대 같다. 말라버리면 속이 텅 비게 된다. 욕심을 버린 사람도 그렇다. 파리하게 비었다는 것이 그것이다. 비면 속이 뚫려서 진리를 알게 된다."

우리는 무엇을 깨달아야 하는 것일까요? 광대무변한 우주의 크나큰 진리를 깨닫는 것도 중요합니다. 하지만 그보다 더 중요한 것은 세상에서 가장 소중한 '나'라는 존재에 대해 아는 것입니다. 모든 것이 나에게서 시작됩니다. 내가 없으면 세상의 많은 사람과 무수히 많은 사건도 의미가 없을 테니까요. 편견과 고정관념에 차 있는 나라면 나를 이해할 수 없을 것입니다. 이미 나에 대해 결론을 내렸고 그 결론으로 살아가고 있을 테니까요. 그러나 함석헌 선생의 말처럼 '마른 갈대의 텅 빈 마음'에서는 진짜 내 모습을 발견할 수 있을 것입니다. 진정한 나를 발견하는 것에서부터 나답게 사는 길이 시작되고 행복한 삶을 살아갈 수 있습니다.

저마다 나답게 살기 위한 방법이 있을 거예요. 제게는 그것이 철학과 명상이었습니다. 동서양의 철학자들이 했던 생각과 가르침을 배우고 익히는 것 자체도 좋았고요. 그것을 내 삶에 적용하고 사유하면서 나만의 철학을 만들어갔습니다. 또한 탁발과 참선 등을 비롯해 다양한 명상을 해보면서 진짜 나를 찾기 위한 수행을 해왔습니다. 그러면서 '내가 누구인지', '어떤 삶을 원하는지', '어떻게 살아야 할 것인지' 조금씩 알아갔습니다. 완벽한 답은 아니었을지 모릅니다. 하지만 그때 그 순간만큼은 내게 최선이었고 내가 나다울 수 있는 길이었습니다.

나다운 길은 내가 주인으로 사는 삶입니다. 중국 당나라의 임제 선사는 "이르는 곳마다 주인이 된다면, 서 있는 곳마다 모두 참되다"라고 했습니다. 주인은 세상이 정해준 답에도, 내가 생각한 예전의 답에도 머물러 있지 않습니다. 이것과 저것, 이 생각과 저 생각의 경계에 서는 것은 두려운 일입니다. 그러나 경계에 서 있을 때 우리는 참 생각을 할 수 있습니다. '이것만이 답이다. 저것은 틀렸어'라는 이분법적인 생각에서 벗어날 수 있기 때문이에요. 외부로부터 받은 신념과 이념에서 벗어나 '나'로서의 생각을 할 수 있습니다. 그로 인해 삶의 주인으로서 지혜와 통찰력을 갖추게 되는 것이죠.

주인이 되는 방법은 저마다 다를 것입니다. 보이는 형태와 모습도 다를 것이고요. 모두가 다르기 때문에 내가 다른 것은 너무 당연한 일입니다. 세상에서 요구하는 정답으로 나를 맞출 필요가 없습니다.

내가 찾은 나만의 답이 있을 뿐입니다. 나만큼 나를 잘 아는 사람도 없습니다. 스스로 찾은 나다움으로 살아간다면 어떤 시련이 닥쳐도 이겨낼 수 있고 실패해도 그 자체로 의미가 있습니다. 내 삶의 주도 권을 타인에게 넘기지 말고 내가 결정하고 내가 책임지며 나답게 살아가시길 바랍니다. 그것이 나와 주변, 나아가 이 세상 모든 인류의 행복을 위한 최상의 길이 될 테니까요.

1

행복은
마음먹기에
달려
있습니다

살아가는 데 가장 중요한 것은 무엇일까요? 사랑, 명예, 돈, 관계, 직장, 성공, 가족, 취미 등 떠오르는 것들은 참 많습니다. 이 모든 것을 포함하는 하나의 공통분모가 있다면 바로 '행복'일 것입니다. 누구나 행복을 원하고 어떤 형태로든 행복을 느끼며 살아가려고 합니다. 행복만큼 소중한 것도 없으며 행복을 추구하는 삶이야말로 가장 아름답고 가치 있습니다. 그런데 지금 우리는 행복한가요? 현재 하는 일이나 가진 것 또는 만나는 사람들에 만족하고 있나요? 그렇다면 다행이지만 그렇지 않다면 지금보다 덜 불행하고 더 행복할 수 있는 길을 찾아가야 할 것입니다.

붓다의 가르침이 담긴 『법구경』의 첫 구절은 이렇게 시작합니다. "마음에서 비롯하고 마음이 으뜸이니 마음으로부터 모두가 이루어지느니라. 사람이 삿된 마음으로 이야기하고 행하면 그로부터 고뇌가 따르나니. (중략) 청정한 마음으로 이야기하고 행하면 그로부터 즐거움이 따르나니 마치 그림자가 형상을 떠나지 않듯이."

대승불교의 『화엄경』에는 "일체유심조一切唯心造"라는 구절이 나옵니다. '세상 모든 것은 마음먹기에 달려 있다'는 뜻이죠. 공자는 "만상불여심상萬相不如心相"이라며 마음가짐의 중요성을 강조했습니다. 만가지 상이 좋다 해도 심상에 미치지 못한다는 것이며, 형상이 있는 몸은 형상이 없는 마음에 지배받고 변화한다는 뜻입니다.

마의 선인은 "관상불여심상, 심상불여덕상觀相不如心相, 心相不如德相"이라고 했는데요. 드러나는 것보다 마음가짐이 중요하며 마음을 잘 써서 덕을 갖추는 것이 제일이라는 의미입니다.

성경 가운데『마태복음』에서는 "네 믿음대로 된다"고 했고,『누가복음』에서는 "믿음이 너를 구원한다"고 했습니다. 마음속에 어떤 믿음을 품고 있느냐에 따라 이루어지는 결과는 달라집니다. 마음속의 여러 가지 가치 중에서 어떤 것에 믿음을 두고 살아가야 할지 생각해봐야겠습니다.

우리는 행복에 대해 어떤 마음가짐과 믿음을 갖고 있나요? 혹시면 훗날을 기약하며 내 관할 밖으로 방치해두고 있진 않나요? 행복은 저 먼 곳에 있지도 않고 먼 미래에 있지도 않습니다. '지금 바로 여기'에 있습니다. 늘 호흡하고 심장이 뛰듯 매 순간 행복은 존재합니다. 다만 내가 그것을 알아차리지 못할 뿐입니다. 행복에 무관심한 태도와 부정적인 마음가짐 때문이에요. 지금 이 순간 내가 마음한번 좋게 먹으면 행복할 수 있습니다. 마음먹기가 그렇게 어려운 것일까요? 언젠가부터 우린 습관적으로 불행을 끌어당기고 있진 않나요? 나쁜 습관에 끌려가지 말고 나에게 좋은 습관을 만들어가요. 마음을 내어 행복을 그리고 떠올리며 끌어당겨 보세요.

나의 행복은 어느 누가 대신 가져올 수 있는 것이 아닙니다. 나 자신을 떠난 행복이란 없습니다. 하지만 많은 사람들은 맡겨진 의무 사항에 눌리거나 주변 시선에 신경이 쓰여 소중한 순간들을 놓치고 맙니다. 행복을 선택하면 다른 것들을 잃게 될 것 같은 두려움이 있기 때문이에요. 그래서 선택하기를 꺼려 합니다. 내 삶에 정답은 없습니다. 자신이 선택하고 그 길을 걸어가면 그만입니다. 사실 우리가 이렇게 할지 저렇게 할지 선택을 유보하는 것은 책임지고 싶지 않은 마음 때문입니다.

　내 선택에 내가 책임지고 내 삶을 내가 이끌고 가겠다는 주인의 마음으로 살아가요. 그렇게 마음먹은 순간부터 내 삶은 달라집니다. '행복해질 용기'를 내면서 내가 진정으로 원하는 행복을 계속 추구해 나가야 합니다. 한 번 지나면 다시 오지 않을 인생이라고 단호한 마음을 가지고 내 삶이 어떻게 변하고 저항이 밀려와도 '행복하겠다'는 마음을 내야 합니다.

　어떤 상황이든 긍정적으로 받아들이면 지금 이 순간은 세상에서 가장 행복한 시간이 됩니다. 남들이 뭐라고 하든 작은 성취나 사소한 일에도 만족할 수 있으면 돼요. 작다는 이유로 지금의 행복을 소홀히 여기면 그마저도 사라지게 됩니다. 부정적인 마음은 현재의 행복을 갉아먹을 테니까요. 반면에 긍정적인 마음은 지금의 행복을 훨씬 크게 부풀려 줍니다. 작은 행복이라도 감사하는 마음으로 받아들인다면 그 마음이 행복의 씨앗이 되어 삶을 더 풍요롭게 하는 울창한 숲을 이룰 것입니다.

행복은
마음먹기에
달려 있습니다

나를 성찰하는
시간이 필요합니다

우리는 삶의 전쟁터에서 고군분투하며 살아갑니다. 뒤처지고 삶에 지치고 힘들수록 잠시 쉬었다 가요. 아무 생각도 하지 않고 푹 쉬어도 좋습니다. 열심히 사느라 고생한 자신에게 여유와 휴식을 선물해주세요.

철학자 프리드리히 니체는 『아침놀』에서 "자기혐오에 빠졌을 때, 모든 것이 귀찮게 느껴질 때, 무엇을 해도 도무지 기운이 나지 않을 때, 활기를 되찾기 위해서는 무엇을 하는 것이 좋을까? 그 어떤 것보다도 제대로 된 식사를 하고 휴식을 취한 뒤 깊은 잠을 청하는 것이 가장 좋은 해결법이다. 그것도 평소보다 훨씬 많이. 그런 후에 잠에서 깨어나면 새로운 기운으로 충만해진 다른 자신을 발견할 것이다"라고 했습니다.

쉬어야 할 때 쉬지 않으면 나중에 더 큰 병이 되어 돌아옵니다. 소 잃고 외양간 고치지 말고 조금이라도 더 젊고 건강할 때 자신을 관리해줘야 합니다. 자기 관리의 시작은 내 몸과 마음의 상태를 점검하는 것입니다. 몸을 무리하게 쓰고 있는 건 아닌지, 각종 스트레스로 마음이 괴로움 속에 있는 건 아닌지 살펴야 합니다. 관심을 갖는 것만으로도 마음에 여유가 생기고 몸도 편안해집니다.

니체는 이 부분을 염려하며 다음과 같이 말했습니다.

"활동적인 사람들에게는 흔히 고차적인 활동이 부족하다. 개인적 활동이 없다는 말이다. 그들은 관리자·상인·학자, 즉 일정한 부류의 존재로서는 활동하지만, 아주 특별한 개별적이고 유일한 인간으로서는 활동하지 않는다."

특별한 나로서 살아가기 위해서는 고요하게 내면을 성찰하는 사색적인 삶이 필요합니다. 내 삶을 가만히 들여다보면 생각 없이 했던 습관적인 행동이 보일 것입니다. 마음에 쉴 틈과 생각할 수 있는 여유 공간을 마련해주는 것은 어떨까요? 잠시 멈춰 자신의 라이프 스타일에 대해 진지하게 생각해봐요. 그로써 우리는 자신의 삶을 책임짐으로써 더 만족스러운 삶을 살아갈 수 있습니다.

저도 여느 대학생처럼 바빴고 '나'를 돌아볼 틈이 없었습니다. 그럴수록 제 삶은 더 쫓기는 것 같았고 이대로 가다간 쓰러질지도 모른다는 생각이 들었습니다. 멈춤과 휴식, 성찰의 시간이 절실히 필요했던 것이죠. 그래서 제가 내린 선택은 학업을 잠시 중단하는 것이었습니다. 세상이 이끄는 대로 따라가고 싶지 않았어요. 그냥 내가 살고 싶은 대로 살고 싶었어요. 내 삶의 주인공이 되고 싶었어요. 원치 않는 길을 억지로 가는 것은 아주 고통스러운 일이기 때문이죠.

출가를 하고 처음에는 홀가분하고 좋았어요. 학생의 의무를 내려놓을 수 있었기 때문이에요. 낮에는 탁발을 하고 아침과 저녁으로는 명상을 하거나 책을 읽었습니다. 늦은 밤 하루를 정리하며 스님들이 모여 얘기를 나누는 시간도 가졌습니다. 내가 진정으로 원하는 것이 무엇인지 찾아갔습니다. 이 모든 것이 저에게는 모두 성찰의 시간이었습니다.

시간이 조금 지나자 고민이 생기기 시작했어요. 수행자의 삶은 행복했지만 왠지 모를 불안감이 있었기 때문이죠. 남들과 다른 길을 간다는 것은 설렘과 불안을 동시에 느끼는 것이었어요. 이따금씩 다른 사람들과 비교를 하게 되었거든요. '잘한 선택일까?' 하는 의구심이 들기도 했습니다. 하지만 그럴 때일수록 첫 마음을 다시 떠올렸어요. 내가 왜 이 길에 발을 들여놓았는지를요. 간절히 일으킨 그 마음은 하나의 씨앗이 되어 언젠가 싹을 틔웁니다. 깨달을 수 있다는 것이죠. 하지만 깨닫는 마음을 일으키는 것만큼 그 마음을 지속시키기가 어려운 일이지요. 저는 과연 첫 마음과 뜻으로 초지일관初志一貫하고 있는지 돌아보며 구도의 열기를 점검하곤 했습니다.

내게 성찰이란 그동안 줄곧 달려왔던 통상적인 흐름에서 한 발자국 물러서서 그동안의 삶의 궤적을 통찰해 보는 것이었습니다. 그 시간은 제게 아주 값진 시간이었어요. 종종 대학 동기들보다 뒤처진다고 느낄 때도 있었죠. 하지만 그것은 아직도 바뀌지 않은 고정관념이었어요. 세상이 원하는 대로 빨리 공부하고 졸업해서 더 좋은 곳으로 진학하거나 취직하는 길이 최고라고 믿는 것 말이죠. 안정적인 직장과 연봉을 위해서는 세상이 요구하는 걸 따라야 했어요. 반항은 곧 도태와 실패를 의미했죠. 많은 사람이 가는 길은 불안감도 덜합니다. 하지만 그 길이 행복을 보장해줄 것 같지 않았어요.

사람마다 각자의 길이 있고 조금씩 다른 것 같아요. 누군가는 학교에서 열심히 공부하는 것이 자신의 길이겠지만 저는 그저 달랐을 뿐이에요. 누군가와 저 둘 중 틀린 사람은 없어요. 각자의 길을 가면 되는 것이죠. 선택한 그 길을 책임지고 걸어가면 그만이에요. 정해진 운명은 없어요. 내가 개척하는 길이 유일한 나의 길이에요. 내가 선택한 그 길 위에 놓인 한 걸음 한 걸음의 무게는 결코 가볍지 않았어요. 진정한 삶의 재미와 의미 그리고 진정성이 담겨 있으니까요.

미국 시인 로버트 프로스트의 「가지 않은 길」에 담긴 메시지는 우리들이 추구하는 삶의 철학과 닮았습니다. "오랜 세월이 흐른 다음 나는 한숨 지으며 이야기하겠지요. '두 갈래 길이 숲 속으로 나 있었다, 그래서 나는 사람이 덜 밟은 길을 택했고, 그것이 내 운명을 바꾸어놓았다고.'"

저도 사람들이 덜 밟은 길을 택했고 운명이 바뀌었습니다. 길이란 길기 때문에 길입니다. 이 길 저 길 기웃거리는 것이 아니라, 맞다 싶으면 꾸준히 걸어가야 해요. 내가 선택한 그 길에서 참을 발견하는 것이 도道를 닦는 것입니다.

서산 대사의 『선가귀감』에는 다음과 같은 구절이 나옵니다.

"거문고 타는 사람이 말하기를, 그 줄의 느슨함과 팽팽함이 알맞아야 아름다운 소리가 잘 난다고 한다. 공부하는 것도 이와 같아서 조급히 하면 혈기를 올리게 될 것이고, 잊어버리면 흐리멍덩해서 귀신의 굴로 들어가게 된다. 느리지도 않고 빠르지도 않게 되면 오묘한 이치가 그 속에 있을 것이다.”

　스무 살에 시작한 수행자의 길을 지금도 걸어가고 있습니다. 내가 선택한 그 길이 맞는 길인지 틀린 길인지 어떻게 알겠어요. 그저 이 길이 내 길인 것 같으니까 가보는 겁니다. 옛말에 “구즉통久則通이라, 오래 하면 뚫린다”고 했습니다. 수양에는 '오래'가 비결이라는 말입니다. 아무 효과가 없는 것 같아도 믿고, 그 하는 일을 유일의 소득으로 알고 그저 계속하는 것이 중요하다는 것이죠. 이것이 도道입니다. 가는 길 밖에 길이 따로 있고 목적이 따로 있지 않습니다. 하고자 하는 그 마음, 그것이 곧 목적이요 수단이요 하는 자입니다.

정말 하고 싶은
것을 하세요

지금 하고 싶은 것을 하고 있나요? 혹시 하기 싫은 걸 억지로 하느라 시간을 낭비하고 있진 않나요? 진실을 마주할 용기가 없는 건 아닌지, 스스로를 속이는 건 아닌지 생각해봐야 합니다. 사람들과 원만한 관계를 갖기 위해서는 하기 싫은 일도 해야 합니다. 문제는 그 과정에서 내가 사라지는 것입니다. 남의 요구사항만 들어주느라 내 생각은 없고 남의 생각만 남는 게 문제예요. 진정한 나의 삶을 살지 못하는 것이죠.

함석헌은 말합니다. "참은 날마다 새로운 체험을 해야 한다는 것이다. 그러므로 생각하는 사람은 날마다 자기를 새롭게 한다." 남의 생각이 아니라 내 생각으로 살아가야 날마다 즐겁고 새롭게 살 수 있습니다. "사람 노릇 하는 것이 자유다. 누가 시켜서 하는 것이 아니라 스스로 하는 것이다. 누구를 위해 하는 것이 아니라 그저 하고 싶어서 한다." 그 누구에게도 억압받지 않고 자유인으로 살아가는 길, 그건 내 선택에 달려 있습니다. 내 선택을 존중하고 자기 자신을 믿고

행복은
마음먹기에
달려 있습니다

결과를 스스로 책임지겠다는 마음이면 됩니다.

하기 싫은 일을 억지로 하면 결국 탈이 나게 됩니다. 내 생각과 바람이 묻히기 때문이죠. 묻힌 욕구는 잠복해 있다가 참다못해 언젠가는 폭발해버릴 거예요. 지금 내가 하고 있는 일에 어떤 재미와 의미가 있는지 생각해봐요. 마지못해서 억지로 하는 것은 아닌지, 정말이 일을 해야 하는지, 진정으로 하고 싶은 건 무엇인지 생각해보라는 겁니다. 남을 위해 살아준 만큼 나 자신을 위해서는 무얼 해줬는지 말이에요.

세상에서는 상사의 지시에 순종하고 오직 성과로 보여주라는 분위기가 팽배해 있습니다. 선을 지향하는 종교나 봉사단체라고 다 좋은 건 아닙니다. 헌신과 봉사를 가르치지만 스스로의 자발적 동기에 대해서는 무관심한 경우가 많기 때문이죠. 내가 하고 싶어서 하는 것은 좋습니다. 하지만 잘 보이기 위해서 일하고 희생한다면 결국 문제가 발생해요. 윗사람에게 잘 보이거나 일의 성과를 만드는 것이 좋다면 좋은 대로 하면 됩니다. 남들을 위해 베푸는 삶이 좋다면 얼마든지 해도 됩니다. 그런데 마지못해 억지로 하는 경우가 있습니다. 과연 남들에게 보이기 위해서 어쩔 수 없이 하는 일에 만족하고 행복할수 있을까요? 누군가에 떠밀려서 한 행동은 불평불만을 내포하고 있습니다. 결국 언젠가 탈이 나겠죠.

어쩌면 우리는 지금껏 나로 산 것이 아니라 남으로 살아온 것일 수도 있습니다. 내가 바라는 삶이 아니라 타인이 바라는 삶이었을지도 모릅니다. 누구나 그렇게 사니까 괜찮다고 다독이면 그만인가요? 과연 그렇게 살아가는 것이 삶의 미덕일까요? 남들 눈에 보이는 모습을 의식하며 살다가는 내게 남는 건 아무것도 없습니다.

억압된 욕구는 언젠가 터지기 마련입니다. 걷잡을 수 없는 혼돈과 방황에 휩싸이게 되겠죠. 나중에 후회한들 지나간 세월은 돌아오지 않습니다.

나로 살기로 결정한다면 진정 내가 원하는 삶이 펼쳐질 것입니다. 전혀 늦지 않았어요. 늦었다고 생각했을 때가 가장 빠른 법이니까요. 나의 순수한 욕구를 무조건 억누르지 말아요. 지금 바로 여기에서 내 바람의 소리에, 그 울림에 귀를 기울여 봐요. 세상이 정해준 대로 살기보다 내가 정한 대로 살기로 해요.

해야 하는 일보다 하고 싶은 일을 하는 게 낫습니다. 원하는 일을 하면 즐겁고 행복하기 때문이에요. 그럴 때 결과도 좋게 나옵니다. 좋아하는 일은 남이 시키지 않아도 계속하게 되죠. 자주 많이 할수록 그걸 할 수 있는 능력치가 올라가요. 그 분야의 전문성이 쌓여갑니다.

말콤 글래드웰은 『아웃라이어』에서 1만 시간의 법칙을 소개했어요. 한 가지를 하루에 세 시간씩 10년 동안 하면 1만 시간이 채워지는데요. 그동안 꾸준히 연습하면 그 분야의 전문가가 될 수 있다는 거예요. 누군가 하라고 해서 억지로 한다면 하루 세 시간씩 10년 동안 지속할 수 있을까요? 하지만 자신이 정말 하고 싶은 일은 누가 말리더라도 몰래 몰래 밤을 새워서라도 하고야 맙니다. 과정도 즐거울 뿐더러 결과도 좋습니다.

니체는 인간은 누구나 한 가지 능력을 가지고 있다고 했습니다. 어떤 경우라도 주눅 들지 않고 씩씩하고 과감하게 그리고 꾸준히 도전해나가면 언젠가는 자신만이 가진 한 가지 능력을 반드시 깨닫게 됩니다.

제 경우를 말씀드리자면, 고교 시절 방송반에서 아나운서 활동을 했습니다. 학교 축제에서 사회를 보기도 했고요. 그런데 제가 잘해서 시작한 게 아닙니다. 순전히 제가 하고 싶어서였어요. 말주변도 없고 글 솜씨도 없었지만 사연을 받아 방송 원고를 쓰면서 교내 학생들을 위한 점심 음악방송을 진행했습니다. 처음엔 말도 더듬더듬거리고 잘 못했어요. 말이 금방 늘지 않더라고요. 그래도 방송하는 내내 즐거웠습니다. 그 후로 사람들 앞에서 강의를 할 기회가 점차 생겼어요. 불교방송에 게스트로 출연하다가 라디오 진행도 맡게 됐고요. 시간이 지나면서 제가 말하는 것을 좋아한다는 걸 알게 되었어요. 지식도 짧고 언변도 좋지 않았지만 방송이나 강의를 통해 사람들과 만나고 이야기를 나누는 것이 좋았어요. 그러다 보니 말하는 시간이 더 많아지고 글쓰기에도 관심을 갖게 되었죠. 자연스럽게 말과 글이 조금씩 향상되었고 자신감이 붙었어요. 결국 좋아하는 일을 하는 것이 나를 행복하게 하고 좋은 결과를 만드는 길임을 알게 됐습니다.

나를
자유롭게 해주세요

우리는 세상의 관념에 너무 갇혀 있습니다. 다른 사람들이 나에 대해 어떻게 생각하는지 눈치를 봅니다. 그런데 인생은 다른 사람이 대신 살아주는 것이 아니잖아요. 내 인생은 내가 책임지고 스스로 알아서 하는 거예요. 물론 그 사실을 모르는 것은 아니지만 함께 사는 세상이니까 남을 의식하게 되고 신경이 쓰입니다.

과도한 신경은 건강을 해치는 법입니다. 불필요한 감정 소모로 나자신을 힘들게 할 필요가 없습니다. 신경 끄고 살면 되죠. 하지만 맘처럼 쉽지 않습니다. 내가 불이익을 당할 거라고 생각하기 때문입니다. 대부분의 사람이 불의는 참지만 불이익은 참지 못한다고 합니다. 타인에게 선의를 베푸는 것도 어쩌면 내 마음이 편하고 언젠가 돌아올 이익이 있기 때문일지도 모릅니다. 남의 눈치를 보면서 답답하게 살고 있는 것은 결국 내 욕심 때문이에요. 눈치를 좀 보더라도 불이익을 당하지 않고 안정적으로 살고 싶은 것이죠. 그런데 그것이 스스로 만드는 감옥인 줄 모르는 것 같습니다. 자기 무덤을 파는 일이지요. 남의 눈치를 보면서 자신을 함부로 하면 결국 부메랑이 되어서 돌아옵니다. 스트레스를 받는다거나 몸이 아프다거나 일이 잘 안 풀려요. 내 마음이 편하고 내가 원하는 삶을 살아야 합니다. 그래야 문제가 풀려요. 남 눈치도 봐야 하겠지만 내 눈치를 더 봐야 합니다.

나에게 별로 관심 없는 남들의 시선을 의식하며 고통스럽게 살지 말아요. 그 마음이 나를 억압하고 가둡니다. 피해를 안 보기 위해 세상과 타협하며 살지 말아요. 내가 나일 수 있도록 세상의 압박에서 나를 지켜요. 그것은 내가 가진 자유의지이며 특권입니다. 나만이 가진 내 고유의 가치이자 권리예요. 신경 끄고 눈치 안 보기 위해서는 내가 받을 수 있는 불이익을 감내하면 됩니다. 남들이 나를 미워하더라도 개의치 않으면 됩니다. 행복해질 용기를 내는 거예요.

사실 남들은 내 삶에 그다지 관심이 없습니다. 다들 내 코가 석 자일 테니까요. 다들 자기 자신에게 관심을 가질 뿐이에요.

당장 나도 그렇잖아요. 나 말고 다른 누구에게 얼마나 많은 관심을 가져왔나요? 지금 이 순간에도 지구 어딘가에서 전쟁이 일어나고 기아와 가뭄으로 죽어가는 사람이 셀 수 없이 많습니다. 많은 사람이 고통스럽게 죽어가도 내 손톱 밑에 박힌 가시가 더 아플 수도 있습니다. 이것을 인정하고 나 자신에게 솔직해지는 것에서부터 자유와 행복은 시작돼요. 그리고 내가 소중한 만큼 남들도 귀한 존재임을 깨닫게 됩니다. 이것이 남을 배려하고 위하는 사랑과 자비의 출발점입니다.

지금 가진 것에
만족해요

우리는 무언가를 성취하지 못해서 불행한 것이 아닙니다. 가진 것과 내 모습에 만족하지 못하기 때문입니다. 사람의 욕심은 끝이 없어서 아무리 채워도 채워지지 않습니다.

솔로몬은 『잠언』에서 "지옥과 저승은 아무리 들어가도 한이 없듯이 사람의 욕심도 끝이 없다"고 했습니다.

원효 대사는 『발심수행장發心修行章』에서 "무릇 모든 부처님이 적멸궁에 장엄하심은 오랜 세월 욕심을 끊고 고행하신 결과이며, 중생들이 불난 집을 윤회함은 한량없는 세상에서 탐욕을 버리지 못했기 때문이다"라고 했습니다. 그래서 이치를 아는 지혜로운 사람은 무엇을 채우기보다는 욕심을 내려놓고 지금 나에게 주어진 것을 감사함으로 받아들입니다.

또 법정 스님은 '소욕지족 소병소뇌少欲知足 少病少惱'라고 했습니다. '적은 것으로써 만족할 줄 알며 적게 앓고 적게 걱정하라'는 의미입니다. 탐욕은 우리의 몸을 병들게 하고 끊임없이 걱정하게 하죠. 지금 가진 것에 만족할 수 있다면 근심도 줄어들고 건강을 지킬 수도 있습니다. 삶의 질과 행복은 결코 물질적인 풍요에 달려 있지 않습니다. 그보다는 우리의 마음과 정신 상태에 달려 있습니다. 어떤 상황과 여건에서도 정신이 깨어 있고 마음이 편안하면 삶의 질은 무한대로 좋아질 것입니다.

내가 가진 것에 만족하는 게 말처럼 쉬운 일이 아닙니다. 인간의 욕심은 끝이 없어서 억만금의 재물을 얻는다 해도 만족할 수 없기 때문이죠. 하지만 그 욕심을 내려놓으면 문제는 바로 해결됩니다. 눈에 보이는 모든 것은 언젠가 소멸되는 법이니까요. 이 세상 그 누구도 생로병사生老病死를 피할 수 없듯 모든 만물은 생장소멸生長消滅합니다. 언제 어떻게 사라질지 모르는 가치에 치우치기보다는 오래 지속되는 존엄한 가치에 관심을 갖는 것이 지혜입니다. 그런데 인간은 욕심을 내려놓기도 힘들 뿐 아니라 이치를 깨닫는 것도 어렵기 때문에 삶에서 부딪히고 직접 경험하면서 깨닫고 배우는 것입니다.

욕심을 내려놓는 가장 확실한 길은 베풀고 나누는 것입니다. 만일 베푸는 일이 어렵다면 감사하는 마음을 내보는 것도 좋습니다. 우리는 작은 것에 감사하고 만족할 수 있습니다. 원하는 것이 모두 채워져서 감사한 것이 아니에요. 감사한 마음을 가짐으로써 원하는 것이 채워지는 것입니다. 감사할 수 있다면 만족할 수 있고 그런 마음에서는 베푸는 일이 더 쉬워집니다. 이건 누가 대신 해줄 수 없습니다.

달라이 라마는 "탐욕의 반대는 무욕이 아니라 만족이며 자기가 가진 것에 만족하고 감사하는 것이 행복의 비결이다. 삶의 참된 만족을 얻는 데 가장 확실하고 효과적인 방법은 이타주의의 실천이다"라고 했습니다. 만족하고 감사하는 마음은 개인의 행복을 넘어 타인의 행복에까지 닿습니다. 진정한 이타주의는 남에게 보이기 위해 억지로 하는 것이 아닙니다. 남의 이익이 곧 나의 이익이고 나의 이익이 곧 남의 이익이 되는 이치와 만납니다. 상대방의 행복과 불행이 자신과 동일시되는 경지인 것이죠. 곧 부처와 보살의 마음입니다. 너와 내가 둘이 아니라는 불이법不二法이자 한 몸이라는 동체대비同體大悲이자 자리이타自利利他의 마음입니다. 이 세상의 평화와 인류를 위해서라도 우리는 철저히 자신을 위하는 길을 가야 합니다.

"중생이 아프면 부처도 아프다"는 유마 거사의 가르침이 있습니다. 타인의 고통이 내 고통으로 느껴지는 경지인데요. 타인으로 말미암아 내가 고통을 느끼므로 타인에 대한 연민과 자비가 나타나는 것입니다. 그 마음의 시작은 역시 나로부터입니다. 내가 행복하지 않으면 남도 행복하게 해줄 수 없습니다. 진정으로 나를 위하고 내가 행복할 때 상대방의 행복에 도움을 줄 수 있습니다. 나로 인해 타인이 더 행복해지고 삶이 풍족해질 때 나의 행복감은 극대화됩니다. 내가 행복해지고 더 나아가 우리 모두 함께 행복할 수 있는 길을 가면 좋겠습니다.

집착을 내려놓으면
행복이 옵니다

지금 삶이 고통스럽다면 내가 무엇에 집착하고 있는지를 살펴봐야 합니다. 나를 괴롭게 하는 요인은 안과 밖에 다 있습니다. 하지만 외부 요인을 제어하는 데에는 한계가 있습니다. 그래서 바깥 세계를 바꾸기보다는 자신의 마음을 바꾸는 게 더 쉽고 확실합니다.

붓다는 불행의 이치를 깨닫고 고통의 원인인 집착을 내려놓으라고 가르침을 주었습니다. 『법구경』에서 "집착에서 근심이 생기고 집착에서 두려움이 생긴다. 집착에서 해탈한 사람에게 더 이상의 근심은 없다. 또한 어찌 두려움이 있겠는가"라며 집착에서 벗어난 해탈과 행복에 대해 말했습니다.

우리가 느끼는 고통은 잘못된 탐욕과 집착이 원인입니다. 내 안에 있는 탐욕과 집착이 불행의 원인이라는 것을 알고 그것이 작동할 때마다 알아차리고 소멸시켜야 합니다. 그래야 고통에서 벗어날 수 있습니다. 『법구경』의 다른 구절에는 "탐욕이 있는 사람들 속에서도 탐욕에서 벗어나 살라"고 합니다. 진흙에 더럽히지 않는 연꽃처럼 탐욕 속에서도 탐욕에 물들지 않으며 무소의 뿔처럼 자기만의 길을 걸어가라는 말입니다.

그런데 탐욕 속에서 어떻게 탐욕을 벗어날 수 있을까요? 기본적으로 스스로를 제어하는 자제력이 필요합니다. 이것은 자신의 가슴속에 있는 욕망을 스스로 제어하는 것이며 욕망이 이끄는 대로 끌려가지 않고 자신이 주인이 되는 길입니다. 자기 자신을 이기는 것은 모든 사람을 이기는 것보다 위대한 법입니다. 그래서 붓다는 "전쟁터에서 천 명의 적과 천 번을 싸워 이기는 것보다 자기 자신에게 이기는 사람이야말로 용감한 승리자다"라고 했습니다.

하지만 이러한 자제력이 바로 생기긴 어렵습니다. 스스로를 주관하는 힘은 탐욕의 본질을 이해함을 통해서 강해집니다. 이 세상에 탐욕이 없는 사람은 아무도 없습니다. 재욕, 색욕, 탐욕, 명예욕, 수면욕 등 오욕五欲은 생존의 본능과도 관련 있기 때문인데요. 탐욕과 욕망의 성질을 이해하고 잘 주관해야 우린 행복할 수 있습니다. 그래서 공부와 수행이 필요한 것입니다.

『반야심경』에 "색즉시공 공즉시색色卽是空 空卽是色"이라는 구절이 나옵니다. 색色이 곧 공空이고, 공이 곧 색이라는 말입니다. 색을 탐욕이라고 하고 공을 탐욕에서 벗어난 상태라고 한다면 탐욕과 탐욕에서 벗어난 상태가 같다는 말인데 이 말은 성립되지 않습니다. 속된 것과 성스러운 것의 차별을 두지 않아야 합니다. 그 모두를 포함하면서도 초월한 마음자리가 있습니다. 그것을 중도中道라고 합니다. 그때의 마음을 색즉시공의 공空과 구별해 '진짜 텅 빔 속에 묘한 무언가'라는 뜻으로 '진공묘유眞空妙有'라고 합니다.

노자는 『도덕경』에서 "천하의 모든 만물이 유有에서 생겨나고 유有는 무無에서 생겨난다"고 했습니다. 노자가 말한 무는 유와 대립되는 무가 아닙니다. 모든 유를 초월해 있으면서 동시에 모든 유를 자기 품 안에 품고 있는 절대적인 무, 즉 무극無極입니다.

불가佛家와 도가道家에서 이야기하는 색과 공, 무와 유의 개념을 통해 욕망을 초월해 행복한 세상으로 나아가는 길을 살펴봤습니다. 그런데 이것을 삶에서 어떻게 구현하고 이룰수 있을까요? 몸이 아프면 진단을 받고 치료 방법을 찾아야 합니다. 철학이 진단이라면 명상은 치료 방법입니다. 철학적 개념을 통해 삶에서 당면한 고통의 문제를 알고 혜안을 얻습니다. 그것으로 끝나는 것이 아니라 명상과 수행을 통해 삶에서 깨달아야 합니다. 내 삶 전체를 치유하는 과정입니다. 선오후수先悟後修라 하는데요. 먼저 이치를 안 후에 마음을 닦는다는 뜻입니다.

그런데 특별한 기술이 있어야 명상을 할 수 있는 게 아닙니다. 우리는 이미 삶에서 명상을 하고 있고 이를 통해 문제를 해결하고 있습니다. 내게 고통을 안겨주고 불필요한 인연을 정리하는 것도 명상입니다. 나에게 좋은 인연인지 아닌지 생각하고 판단하기 위해서는 골똘히 생각도 하고 맑은 정신으로 판단을 해야 합니다. 그 문제에 대해서 누군가에게 묻거나 자기 자신에게 묻는 것도 명상입니다. 일단 내게 생긴 문제를 알아차리고 바라보는 것만으로도 명상을 하고 있는 것이며 이미 그 문제는 해결되고 있습니다.

다른 예로 초기화와 회복 능력이 있습니다. 자고 일어나면 기력이 회복되고 근심과 스트레스가 사라집니다. 마치 컴퓨터를 잠시 끄고 켰을 때 메모리가 정리되면서 성능이 좋아지는 것과 같습니다. 뜨거웠던 기계의 열이 내려가는 것과 비슷하지요. 열심히 활동하고 나면 휴식이 필요하듯 삶에서도 정리 정돈이 있어야 합니다. 이것이 공空입니다. 새롭게 세팅된 마음 상태이지요. 우리는 이미 일상에서 명상과 수행을 통해 비움의 철학을 하고 공을 경험하고 있습니다.

이것이 나를 돌아보는 성찰의 핵심입니다. 새로운 시작을 위한 정리 정돈을 위해서는 반드시 비움이 필요합니다. 이 과정에서 내 마음과 생각은 정리되고 텅 비며 맑아집니다. 텅 빈 상태에서 나타나는 충만한 행복감과 신령함이 모든 문제를 저절로 해결해줍니다. 비워지면 아무것도 없는 상태가 되는 것이 아닙니다. 오히려 그 반대예요. 비워진 마음에서 무한한 지혜가 나오며 뛰어난 창의성과 창조력이 발생합니다. 이러한 상태에서는 나와 남이 모두 좋을 수 있는 새로운 계획을 세울 수 있으며 이룰 힘과 능력이 솟구칩니다. 일상에서 머리가 비워지면 생각지도 못한 아이디어가 나오는 것도 같은 이치입니다.

함석헌은 말합니다. "참은 빔이다. 허즉실虛則實이라 비면 차는 것이다. 참 사랑은 누구도 사랑하지 않음이요, 참 앎은 아무것도 알지 않음이요, 참 온전히 함은 아무것도 하지 않음이다. 누구도 사랑하지 않기 때문에 모든 것을 사랑하고, 아무것도 아끼지 않기 때문에 모든 것을 아끼고, 아무것도 알지 않기 때문에 모르는 것이 없고, 아무것도 하지 않기 때문에 하지 않는 것이 없다."

텅 빈 충만감에서 나오는 내면의 힘으로는 못할 것이 없습니다. 그 힘으로 자신을 정리하면 이미 새로운 사람이 됩니다. 전날의 복잡한 상태에서는 스스로를 정리하기 힘듭니다. 휴식과 회복을 통해 새로워진 나는 더 이상 복잡하지 않습니다. 모든 것이 술술 풀립니다.

내 안의 아름다움으로
세상을 봅니다

　어느 날 문득 '이렇게 살지 말아야지' 하는 마음이 들 때가 있습니다. 친구가 던진 말 한마디에 상처를 받을 때, 게으르고 부도덕하게 살아가는 내 모습이 견디기 힘들 때, 나쁜 습관이 튀어나올 때 등 지금의 삶을 반성하게 됩니다. 명상을 하면서 마음을 살피고 기도를 하며 새로운 결의와 다짐을 하게 됩니다.

　달라이 라마는 "우리가 붓다의 법을 배우는 까닭은 분별하고 차별하는 마음을 내려놓기 위함이다. '너는 너', '나는 나'라는 분별을 내려놓지 못하면, 어느 날 갑자기 마음속에 있던 사랑과 자비심이 사라지고 분노만이 자리하게 될지도 모른다"라고 했습니다. 타인의 옳고 그름을 따지거나 심판하고 나와 뜻이 다르면 배척하는 태도를 주의하라는 것이죠. 결국 내 안의 사랑과 자비가 사라지면 주변 사람에게도 도움이 될 수 없고 불행해지기 때문입니다.

　내가 과연 어떤 마음으로 살아가고 세상을 보고 있는지 살펴보면서 자기 자신의 허물과 과오를 반성할 수 있어야 합니다. 우리들은 저마다 무언가 부족한 부분이 있습니다. 스스로 아는 그 결점을 인정하고 그것이 만드는 나쁜 점들을 생각해보며 개선하기 위해 애써야 할 것입니다.

『법구경』에 '때 묻음'을 다루는 장에 이런 구절들이 있습니다. "대장장이가 은을 세공하듯이 지혜로운 사람은 서두르지 않고 차례차례 조금씩, 그러나 끝없이 자신의 때를 벗겨야 한다. 쇠에 생긴 녹이 쇠에서 나온 것임에도 불구하고 쇠를 갉아먹듯이, 지켜야 할 도덕에서 벗어난 행위는 스스로를 불행한 삶으로 인도하게 된다." "경전을 소리 내어 읽지 않으면 기도의 가치는 없다. 가꾸지 않는다면 집의 가치는 없다. 게으르면 아름다움도 더러워진다. 방종하면 수행의 가치가 없다."

우리 몸이 더럽고 냄새나거나 옷에 얼룩이나 오물이 묻으면 가만히 있지 않을 겁니다. 더러운 것을 피하는 것이 우리의 본성이니까요. 아름답지 않은 모습보다는 더 예쁘고 멋지고자 합니다. 우리들은 스스로를 가꾸는 존재이니까요. 내 모습을 보는 다른 사람들의 시선을 무시할 수도 없고요. 사람들에게 관심받고 사랑받고 싶겠죠. 그런데 마음은 잘 보이지 않기 때문에 무심코 넘길 때가 많습니다. 다행히도 보이지 않는 마음은 내가 하는 행동과 말 그리고 생각을 통해서 알 수 있습니다. 내 마음이 불순하고 더러운 건 아닌지 인격이 부족하고 성격에 결함이 있는 건 아닌지 자꾸 들여다보고 살펴야 합니다. 그러면 내 마음은 새로워지고 아름답고 밝게 빛납니다. 내가 맑고 아름다워진 만큼 세상도 달리 보입니다.

맹자는 그 이치를 이렇게 말했습니다. "모든 것이 내게 있다. 산을 보고 장엄한 것을 느끼는 것은 내 속에 산, 곧 높고 장엄한 것이 있기 때문이다. 꽃을 보고 아름다움에 취하는 것은 내 속에 꽃이 있기 때문이다. 꽃이 내 속에 아름다움을 만든 것이 아니다. 내 속에 있는 꽃이 그 꽃이라 부르는 것에 부딪혀 자기를 알아보게 된 것이다 내 속에 성인이 있으므로 성인을 알아보고 사모하는 것이고, 내 속에 도둑이 있으므로 도둑을 알아보고 미워하는 것이다. 이치(理)가 내게 있으므로 내가 이치를 알고, 도(道)가 내게 있으므로 내가 도를 체험한다."

불자들이 주야로 독송하는 『천수경』에는 자기 정화의 비법이 들어 있습니다. 먼저 입으로 지은 잘못을 씻는 주문을 하는데요. '수리수리 마하수리 수수리 사바하'를 세 번 소리 내어 말합니다. 그 후에 마음을 깨끗이 하는 이런 기도문이 나옵니다. "죄악은 자체의 성품이 없는 것이며 마음으로부터 일어난다. 만약 마음이 소멸되면 죄업 또한 소멸된다. 죄업과 마음이 모두 텅 비었다면, 이것을 이름하여 진정한 참회라고 한다."

잘못을 인정하는 것은 필요하지만 자기 자신을 죄인이라고 낙인찍을 필요는 없습니다. 시시분별을 가려서 나쁜 사람으로 만들어버리면 계속 나쁜 사람으로 살아야 합니다. 자기가 생각하는 자기 자신이 가장 소중합니다. 세상 모든 사람을 속여도 자기 자신을 속일 수 없으니까요. 그만큼 자가 진단이 중요한데, 자신이 큰 잘못을 하거나 나쁜 짓을 했어도 씻어낼 수 있습니다. 먼저 반성을 하고 자신이 잘못한 것을 인정합니다. 그리고 명상으로 마음을 비우면 간절한 기도를 할 수 있습니다. 내 안의 밝은 빛, 사랑과 자비가 드러나면 스스로 뉘우치게 됩니다. 진실로 잘못을 뉘우치고 다신 그렇게 살지 않겠다 결심하면 새로운 사람이 됩니다. 마음도 죄도 나도 없어지는 고요하고 평안한 자리에서요. 텅 비어 있으면서도 충만해집니다. 세상이 부패하고 어두워도 그것을 밝히는 힘은 우리 자신 안에 있는 빛에서부터 시작합니다. 우리의 천성은 밝기 때문이에요. 내 안에 있는 참된 빛이 그득 차면, 나는 참된 사람이 됩니다. 그런 사람의 가슴속에서 일어나는 사랑과 자비의 빛이 밝은 세상을 만드는 원천입니다.

있는
그대로
나답게

2

자신의
욕구가
충족되어야
행복합니다

우리의 삶이 불행하다고 느끼는 이유는 무엇일까요? 행복의 기준에 부합하지 않기 때문일 것입니다. 그런데 그 기준은 누가 만든 것인가요. 세상이 정한 기준을 내가 사용하고 있느냐, 내가 정한 기준을 쓰고 있느냐에 따라 삶의 만족도는 전혀 달라집니다. 행복과 불행의 기준을 스스로 정한다는 것은 내가 느끼는 만족감이 최우선이라는 겁니다. 내가 만족할 수 있다면 행복한 삶이고 만족할 수 없다면 불행한 삶이죠. 우리는 자기 안에 있는 자신의 고유한 가치, 누구도 건드릴 수 없는 자기만의 것을 발견할 때 만족과 행복을 누릴 수 있습니다.

자기만의 기준을 아직 모르겠다면 다른 사람이 썼던 기준을 활용할 수도 있습니다. 니체는 자신이 어떤 사람인지 이해하길 원하는 사람은 다음과 같은 질문을 자신을 향해 던지고 성실하고 확고하게 대답하라고 했습니다. 이러한 질문에 대답하면서 자기 자신의 본질에 더 가까이 다가갑니다.

'지금까지 내가 진실로 사랑한 것은 무엇이었는가?'

'내 영혼을 더 높은 차원을 향하도록 이끌어준 것은 무엇이었는가?'

자신의 욕구가
충족되어야
행복합니다

'무엇이 내 마음을 가득 채우고 기쁨을 안겨주었는가?'

'지금까지 나는 어떠한 것에 몰입했는가?'

영성 작가인 디팩 초프라는 자기 안의 순수의식에게 끊임없이 질문하기를 권합니다.

"아침마다 명상을 하기 전 가슴에 집중하고 질문해보라. '나는 누구인가?' '나는 무엇을 원하는가?' 당신이 이것을 물을 때 모든 가능성의 장인 우주가 대답하게 되어 있다. 당신이 답을 찾으려고 애쓸 필요 없다. 질문하는 그 순간 답이 나타난다. 그 답은 한순간의 통찰로, 영감으로, 우연한 기회로 또는 갑작스런 충동으로 당신을 찾아온다.

또 다른 질문, '무엇이 내 인생의 목적인가?' '내 가족, 사회, 세계를 위하여 어떻게 이바지할 것인가?' '나만의 독특한 재능은 무엇이고 그것을 어떻게 활용해 인류에게 도움이 될 것인가?' '무엇이 나에게 절정 경험과 희열을 가져다주는가?' '나는 어떤 친구를 원하고 나는 친구에게 어떤 사람이길 원하는가?'"

하지만 사회적 환경은 우리에게 그렇게 호의적이지 않습니다. 저도 학창 시절에는 나를 발견하기 위한 질문을 하기 힘들었어요. 자기 성찰의 힘이 약하기도 했지만 무엇보다 경쟁 속에서 살아남아야 한다는 강박관념이 나를 지배하고 있었기 때문이죠. 대학에 올라와서도 공부가 부담이 되었고, '내 길이 이 길인가' 하는 회의감이 들었어요.

'내 고유한 가치는 무엇인가?' '훌륭한 과학자가 되는 게 나에게 맞는 길일까?' 전공 서적에 나오는 수식의 나열이 내겐 별로 흥미도 의미도 없다는 것을 알게 되었습니다. 그보다는 '왜 살아야 하는지', '나는 무엇을 하기 위해 태어났는지', '어떻게 하면 행복하게 살 수 있는지' 등이 궁금했습니다.

그렇게 학교 공부에 대한 흥미를 잃고 삶이 공허하게 느껴질 무렵 명상을 만나게 되었습니다. 수행하는 도반들과 스승이 함께하는 공동체였습니다. 그리고 그곳에서 나의 가치를 발견하게 되었습니다. 내 삶에 만족할 수 있었고 행복을 느꼈습니다. 무엇을 가져서 행복한 것은 아니었어요. 내가 어떤 사람인지, 그 존재를 느끼는 것만으로 만족할 수 있었고 행복했습니다. 자신의 가치를 발견하는 사람에게는 용기가 생긴다고 합니다. 공동체 안에서의 공부와 수행 그리고 인간관계를 통해 삶의 이유와 가치를 발견할 수 있었습니다. 그러다 보니 삶을 주체적으로 살아갈 수 있는 용기가 생겼습니다. 남들에게 잘 보이고 만족시켜주기 위한 삶이 아니라 '나를 위한 삶', '내 행복을 위한 삶'을 살아갈 힘이 생겼어요.

저는 나의 행복을 위해서 '미움 받을 용기'를 냈습니다. 부모님과 친구들, 가까운 사람들과의 유대와 정서가 약해지더라도 내가 행복할 수 있는 길로 갔어요. 그 누구도 내 대신 삶을 살아줄 수도 행복을 대신 가져다줄 수도 없기 때문이죠. 일단 내가 살고 봐야 합니다. 그래야 주변을 살피고 도와줄 여유와 힘이 생기는 법이니까요. 그래서 내 삶의 주인으로서 행복해지기로 결심하고 주변의 좋지 않은 시선

자신의 욕구가
충족되어야
행복합니다

을 감내하자는 결론을 내렸습니다.

출가 초기에는 주변 사람들이 내 삶에 대해 부정적으로 보는 것 같 았습니다. 1년간 휴학을 하고 수행을 하고 학교로 돌아왔을 때 주변 반응도 냉랭했습니다. 저는 더 위축되었고 혹독한 고독을 견뎌야 했 어요. 출가를 했을 당시에는 나의 가치를 발견함으로써 자존감을 회 복하는 숙제는 풀었습니다. 그런데 출가를 하고 학교로 돌아왔을 때 두 번째 숙제가 나타났습니다. 그것은 '자신감'과 '자존감'의 충돌이 었습니다.

자신감과 자존감은 다른데요. 자신감이 다른 사람의 인정과 외적 목표의 성취에 의해 채워지는 것이라면, 자존감은 스스로 나의 가치 를 발견하고 존중해주는 상태에서 발현됩니다. 학우들과 떨어져 있 을 때는 몰랐지만 함께 생활하면서 부딪히니 또 다른 고충이 생겼 습니다. 남들은 나를 인정해주지 않았고 저 스스로도 그들과 다르다 고 생각하고 비교하면서부터 고립감을 느꼈습니다. 서서히 자신감 이 떨어졌습니다. 성적 경쟁은 여전히 존재했고 뒤처지는 결과가 나 올 때면 자신감을 잃어갔습니다. 연쇄적으로 나 자신을 존중하는 마 음인 자존감도 낮아졌습니다.

극도로 힘들어지자 '남과 비교하기'를 중단했습니다. 생각해보니 그들과 나는 애초에 다른 사람이고 출발점이 다른데 굳이 비교한다 는 것이 우스운 일이었습니다. 그보단 오히려 어제의 나와 현재의 나 를 비교하는 편이 나았습니다. 자신감이 다시 회복되었어요. '그래~ 잘하고 있어. 어제보다 조금 발전했어' 하면서 나 자신을 다독였습니

다. 그러한 견딤의 시간을 보내고 나니 나 자신을 존중하고 믿는 힘
이 길러졌습니다. 남들과의 비교가 아니라 내가 본래부터 갖고 있는
장점들이 조금씩 보이기 시작했어요. 자기 자신에 대한 인정은 자존
감의 회복으로 이어졌고 행복한 삶을 가능하게 해줬습니다.

자신의 욕구가
충족되어야
행복합니다

욕구를 알면
행복은 시작됩니다

우리는 욕구를 통해서 자기 자신을 이해할 수 있습니다. '내가 이걸 좋아하는 사람이구나', '이것을 할 때 기쁘구나', '이런 사람을 만날 때 행복하구나' 하면서 알아가는 거예요. 내 책장에 꽂힌 책을 보면 내 관심사를 알 수 있고, 자주 보는 영화 장르, 주로 듣는 음악, 자주 가는 음식점을 통해서 자신을 알아갑니다. 내가 끌어당기고 나를 끌어당기는 것으로 지금의 내가 있는 거예요.

우리는 다양한 욕구를 갖고 있습니다. 돈을 많이 벌고 싶은 사람도 있고, 이상적인 배우자를 만나고 싶은 사람도 있어요. 사회적 지위를 갖춰 남에게 존경받기를 바라는 사람도 있고, 먹는 것의 즐거움을 추구하는 사람도 있어요. 이 모든 걸 다 추구하는 사람도 있겠지만 가치 기준에 따라 그중에서 더 우선시하는 것은 조금씩 다릅니다.

내가 진정으로 원하는 것이 무엇인지를 깨닫고 그러한 삶을 살아가는 데에 행복이 있습니다. 그래서 나의 욕구를 아는 것이 행복한 삶을 위한 첫걸음이 됩니다.

욕구에도
우선순위가 있습니다

　미국의 심리학자 클레이턴 폴 앨더퍼의 ERG이론에 따르면 인간에게는 '존재의 욕구Existence Needs', '관계의 욕구Relatedness Needs', '성장의 욕구Growth Needs'가 있다고 합니다. 존재의 욕구는 음식, 공기, 물, 임금, 작업 조건 같은 기본적인 욕구에 대한 것이고요. 관계의 욕구는 의미 있는 사회적·개인적 인간관계의 형성으로 충족되는 거예요. 성장의 욕구는 개인의 생산적이고 창의적인 공헌에 의해서 충족됩니다. 존재의 욕구보다는 관계의 욕구가 상위의 욕구이고, 관계의 욕

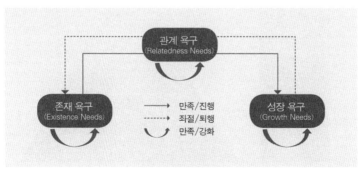

앨더퍼의 ERG 이론

자신의 욕구가
충족되어야
행복합니다

구보다는 성장의 욕구가 상위의 욕구예요. 개인의 성격과 가치관, 문화적 배경 등에 따라 세 가지 욕구의 상대적 크기가 서로 다르게 나타납니다.

앨더퍼의 이론은 매슬로의 욕구의 단계설Maslow's hierarchy of needs을 보완했습니다. 매슬로의 5단계 욕구 체계를 그대로 받아들여 그것을 다시 3단계로 구분했습니다. 하지만 매슬로의 계단식이 아니라, 욕구를 추구하는 흐름과 우선순위에 차이를 보입니다. 매슬로는 전 단계의 욕구가 완전히 충족되어야 다음 단계의 욕구를 추구한다고 했습니다. 생리적 욕구(1단계)가 충족되어야 안전의 욕구(2단계)를 추구하게 되고, 안전의 욕구가 충족되어야 사회적 욕구(3단계)를 추구한다는 것입니다. 반면에 앨더퍼는 여러 가지 욕구를 동시에 추구할 수도 있고 사람의 성향에 따라 중요시하는 단계가 다를 수 있다고 했습니다.

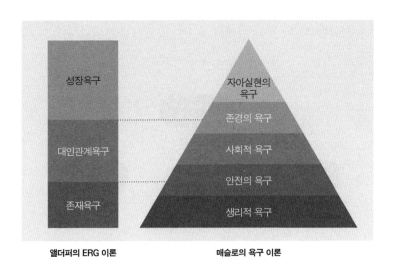

앨더퍼의 ERG 이론　　　　매슬로의 욕구 이론

저의 경우 매슬로의 욕구 이론의 다섯 번째 단계인 자아실현의 욕구가 출가의 동기였습니다. '자아실현 욕구'는 자기를 계속 발전시키고 잠재력을 최대한 발휘하려는 욕구이며 다른 욕구와는 달리 욕구가 충족될수록 더욱 증대되는 경향을 보인다고 하는데요. 저의 경우 1~4단계의 욕구가 모두 충족된 상태가 아니었습니다. '생리적 욕구'를 비롯한 '안전·사회·존경의 욕구'가 충족되지 않았어요. 생명을 유지하려는 '생리적 욕구'와 위험에서 자신을 보호하고 불안을 회피하는 '안전의 욕구' 등은 거의 충족되었죠. 하지만 가족·친구·친척 등과 친교를 맺고 원하는 집단에 귀속되고 싶어 하는 '사회적(애정·소속) 욕구'와 자존감과 자신감을 얻고 지위를 확보하기를 원하는 '존경의 욕구'는 충족되지 않았습니다.

　하위 욕구가 모두 충족되지 않았지만 출가를 했습니다. 매슬로의 욕구단계설로는 제 경우를 온전히 설명할 수 없었어요. 그 부분을 ERG이론에서 보완할 수 있었습니다. 성장 욕구를 가장 최우선의 가치로 삼고 관계와 존재의 욕구도 동시에 추구해갈 수 있기 때문이죠. 우리 모두가 누군가에게 존경받고 자아를 실현하는 삶만을 살아갈 순 없습니다. 저마다 자기가 추구하는 욕구를 중심으로 살아가기 때문이죠. 사람은 시기, 상황, 입장에 따라 추구하는 가치가 달라질 수 있으니까요.

　지금 우리는 어떤 욕구를 추구하고 있나요? ERG이론으로 보면 우리는 생존을 위한 본능(존재 욕구)을 갖고 있으면서 대인관계의 개선을 위해 애쓰고(관계 욕구) 내면과 외부의 성장을 위한 노력(성장 욕구)을 하고 있습니다. 잘 먹고 잘 사는 것에 비중을 두는 사람이 있고요. 사람들과의 관계성에 큰 의미를 둘 수도 있고 존경받거나 자아를 실현하는 것을 최우선의 가치로 여기기도 합니다.

각각의 욕구가 충족되지 않을수록 그것에 대한 갈망은 더 커지게 되는데요. 욕구불만이 생기기 때문이에요. 현재의 욕구가 충족되지 않으면 그보다 낮은 차원의 욕구를 추구하거나 현재의 욕구를 추구하기 위한 강한 동기를 갖게 됩니다. 그래서 자신의 욕구가 무엇인지를 알고 얼마나 충족되었는지를 살펴볼 필요가 있습니다. 그것을 충족하는 삶이 행복을 위한 지름길이기 때문이죠.

영국의 극작가 톰 스토파드는 "모든 출구는 어딘가로 들어가는 입구"라고 했습니다. 지금 불행하다면 행복으로 가는 새로운 길이 열렸다고 보면 됩니다. 지금 내가 원하는 것이 이루어지지 않았다면 그 동기와 힘이 더 강해집니다. 새로운 방향을 모색할 수도 있습니다. 나의 욕구는 지금 어디로 향하는지 살펴보고 채우기 위해 애쓰다 보면 행복은 저절로 올 것입니다. 지금 이 순간의 욕구와 만족에 집중하세요. 먼 미래의 행복은 진짜가 아닙니다. 그래서 행복을 목표로 삼는 순간부터 불행해진다고 한 것입니다. 그저 내가 원하는 걸 하나씩 채워가는 삶이면 좋겠습니다.

사랑에는 성장, 관계, 생존 등 모든 욕구가 들어 있어요. 또한 사랑만큼 자신을 성숙하게 만드는 것도 없는 것 같고요. 부모는 자녀를 통해서 무한한 사랑을 느끼고 주면서 인격적으로 성장해갑니다. 연인관계에서 나타나는 사랑도 서로를 성장시킵니다. 누군가를 사랑하게 되면 자신의 결점이나 마음에 들지 않는 부분을 상대에게 들키지 않으려고 애를 쓰게 되죠. 이 마음은 사랑하는 사람에게 실망감을 안기고 상처를 주지 않기 위해서일 거예요. 그리고 상대방이 언젠가 나의 결점을 알아차리고 혐오감을 갖기 전에 스스로 그 결점을 고치려고 애를 쓰는 것이죠. 이러한 과정에서 우리는 더 좋은 사람으로 더 훌륭하고 온전한 사람으로 끊임없이 성장합니다.

유홍준의 『나의 문화유산답사기』는 다음의 머리말로 시작합니다. "사랑하면 알게 되고 알게 되면 보이나니, 그때 보이는 것은 전과 같지 않으리라." 사랑은 무에서 유를 창조하는 힘이 있으며 존재의 성장과 진화를 도모하며 우리 모두를 행복케 합니다. 누군가를 사랑함으로써 온 세상이 달라 보이는 경험을 하신 분은 알 거예요. 사랑한다는 것이 살아가는 이유가 될 수 있음을. 반면에 사랑이 떠나간 자리에 더 큰 실망감과 아픔이 남을 수도 있습니다. 그래서 사랑은 시작뿐 아니라 그 과정과 결과도 중요한 것이죠. 만남과 헤어짐의 반복이 우리의 삶이라지만 사랑의 관계는 보다 큰 의미를 지니며 책임이 따르는 법입니다. 단순한 것 같으면서도 복잡하고 쉬운 것 같으면서도 어려워요. 삶의 진수가 담겨 있는 종합예술이기 때문이죠. '사랑에 빠진 나'는 호기심 많고 순수한 소년과 소녀일지 몰라도 '정리하는 나'는 의젓하고 책임감 있는 어른이어야 하겠습니다.

저도 사랑을 해본 경험이 있는데요. 그때 느꼈던 감정과 생각들 그

자신의 욕구가
충족되어야
행복합니다

리고 사건들은 지금의 나를 있게 했습니다. 내가 누구인지 더 자세히 볼 수 있었고 성장을 위한 발판이 되었기 때문이죠. 아무것도 아닌 작은 일에도 화가 나고 서운해하는 자신을 보면서 내가 얼마나 부족하고 옹졸한 사람인지 알 수 있었고요. 상대방의 마음을 헤아리지 않고 나만 생각하는 어린아이임을 뼈저리게 느꼈어요. 그 결과 부족한 내 모습을 인정하는 만큼 변화의 동력이 생긴다는 것을 알게 되었죠. 못난 내 모습을 인정하고 싶지 않았지만, 상대와의 관계를 망치지 않기 위해 인정하고 받아들였던 것입니다. 또한 사랑이 주는 안정감과 유대감은 내면의 저항과 현실적 어려움이 닥쳤을 때에도 문제를 극복하고 관계를 유지시켜주는 힘이 되어주었습니다.

처음의 설렘은 시간이 지나면서 시들해지고 그 사이에 권태라는 이름의 장벽이 들어섭니다. 헤어질 것이냐 성숙한 사랑으로 발전할 것이냐는 여기서 결정됩니다. 완전한 사랑은 없을지 몰라도 최선의 사랑은 있을 거예요. 상대의 부족함을 감싸주고 존중하며 성숙한 인격체로 진화해가는 것이 사랑의 진정한 가치 아닐까요? 회자정리會者定離라는 말처럼 우리는 만나면 언젠가는 헤어집니다. 설령 금방 사랑에 빠지는 '금사빠'나 금방 사랑이 식는 '금사식'이라 할지라도 사랑을 하는 그 마음은 진실일 거예요. 소중한 인연으로 생각하며 존중하는 태도가 필요합니다.

누구나 갖고 있는 이 사랑이라는 감정과 욕구야말로 사람을 사람답게 하고 나를 나답게 하는 가장 강력한 에너지인 것 같아요. 사람

있는
그대로
나답게

과 삶 그리고 사랑이라는 말의 어원이 같은 것도 그런 이유일 것입니다.

철학자 러셀은 행복에 대해 다음과 같이 말했습니다. "자유로운 사랑과 폭넓은 관심을 갖고 이를 통해 다른 많은 사람들의 관심과 사랑을 받는 사람은 행복하다. 사랑하고 사랑받는 것이 행복의 길이며 이를 통해 행복을 확보한다. 스스로 우주와 자연의 시민이라고 느끼며, 자유롭게 자연과 우주가 주는 아름다움과 기쁨을 즐기며, 자신이 다른 사람과 분리되어 있지 않다고 느낀다. 그래서 우리는 생명의 흐름과 본능적으로 깊이 결합할 때 가장 큰 기쁨을 느끼게 된다."

자신의 욕구가
충족되어야
행복합니다

비교는
양날의 검입니다

사회에서 잘나가는 사람을 보면서 자기의 신세를 한탄한 적 있나요? 그 사람이 돈 잘 벌고 인물도 좋고 거기에 인품까지 받쳐준다면 '나는 왜 이 모양일까?' 하는 생각으로 고개를 떨어뜨릴지도 몰라요. 상대적 박탈감이 정말 무섭습니다. 모두가 힘들게 살 때는 그래도 견디고 살 만하죠. 나는 힘든데 다른 사람들은 괜찮아 보일 때 정말 죽을 맛입니다.

소셜 미디어 시대가 되면서 이런 현상이 두드러지게 나타났습니다. 남들이 사는 모습을 훤히 들여다볼 수 있게 됐기 때문이죠. 비교가 더 쉬워졌다는 겁니다. 이 사람 저 사람의 사생활을 관찰하다 갑자기 현실을 자각하는 시간이 옵니다. '쟤는 저렇게 잘나가는데 난 뭐지?' 왠지 자신이 초라하게 느껴집니다. '그동안 나 뭐했지?' 하며 지난 삶을 후회할지도 모르죠. 그런데 우리가 쉽게 간과하는 부분이 있어요. 사람들은 삶 속의 가장 좋은 모습만 골라서 올린다는 거예요. 우리는 그 모습이 전부라고 착각합니다. 나도 괜찮은 삶을 살고 있는

데, 더 괜찮게 살아가는 남들의 모습에 기가 죽는 것이죠.

장자는 『제물론』에서 "옳고 그름을 따지면 이로써 도道가 허물어진다"고 했습니다. 다른 사람과 견주어보면서 누가 옳고 그른지를 판단해서 좋을 게 없습니다. 비교하는 순간 패배자로 전락해버리기 때문이에요. 내가 나를 바라보는 시각과 타인을 바라보는 시각이 전혀 다릅니다. 타인과 비교하는 순간 내 생각은 관념적으로 바뀝니다. 비교하지 않고 보면 있는 그대로의 내가 보입니다. 하지만 상대방과 나를 나란히 보는 순간 세상의 통념과 가치를 기준으로 단순 비교를 할 수밖에 없습니다. 나는 나대로 봐주고, 그 사람은 그 사람대로 보는 게 가장 좋습니다.

노자의 『도덕경』 33장에도 나와 남에 대한 이야기가 나옵니다. "타인을 아는 자는 똑똑할 뿐이지만, 자신을 아는 자는 명철하다. 타인을 이기는 자는 힘이 있지만, 자신을 이기는 자는 강하다." 이처럼 타인에 대해서 아는 것도 좋지만 자신을 아는 것이 가장 중요합니다. 나를 아는 게 진정한 앎이며 만족하며 살아가는 힘이 됩니다.

승찬 대사는 『신심명信心銘』에서 "지극한 도는 어렵지 않다. 다만 간택을 꺼릴 뿐이다"라고 했습니다. 여기에서 '도'는 '행복'이고 '간택'은 '비교하고 판단하지 않는 것'입니다. 행복하기 위해서는 비교와 판단을 하지 말아야 합니다. 그는 그고, 나는 나일 뿐입니다. 비교하지 말고 그대로의 나를 받아들여 보세요. 세상의 보편적 기준과 통념으로 나를 가두지 말고 그저 존중해주고 사랑해주세요.

그런데 비교가 늘 나쁜 것만은 아닙니다. 비교를 통해 나의 욕구가

자신의 욕구가
충족되어야
행복합니다

충족되는 경우가 있는데요. 사람들과 만나고 교류하다 보면 자연스럽게 비교를 하게 되는데요, 다른 사람보다 잘하는 무언가가 있으면 자신감이 생깁니다. 사람들에게 존경받다 보면 내가 나를 더 존중하게 되고 자존감이 올라갑니다. 자신감과 자존감의 회복은 매슬로의 욕구의 5단계 중에 4단계 존경의 욕구가 충족됨을 의미합니다. 앨더퍼의 욕구 단계에서는 '관계 욕구'와 '성장 욕구'가 채워집니다. 이러한 욕구가 충족되면 보다 상위의 욕구를 채울 수 있는 동기가 생깁니다. 자신감과 자존감의 향상은 자아실현 욕구를 더 자극하는 결과를 낳습니다.

비교 대상에 따라 행복감이 달라지는 사례가 있습니다. 올림픽에서 은메달과 동메달을 딴 선수가 느끼는 만족감에 대한 분석입니다.

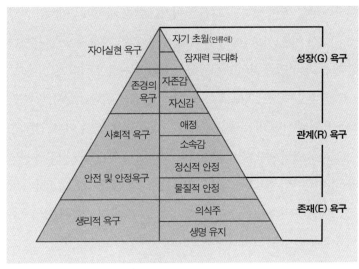

매슬로의 욕구 단계   알더퍼의 욕구 단계

보통 동메달은 3등이고 은메달은 2등이므로 은메달이 좋습니다. 하지만 선수들이 느끼는 만족감에는 차이가 있어요. 미국 코넬대학교의 빅토리아 메드빅 교수는 올림픽 메달리스트를 대상으로 만족감에 대한 연구를 했습니다. 은메달을 딴 선수는 금메달을 놓친 것을 아쉬워했고, 동메달을 딴 선수는 메달을 목에 걸었다는 것 자체만으로 기뻐하는 경향을 보였습니다. 동메달리스트가 은메달리스트보다 더 높은 만족도와 행복감을 나타낸다는 것입니다. 메달 그 자체에 대한 기쁨과 만족보다는 '발생 가능성이 있었던 상황'과 '실제 일어난 상황'을 비교하면서 만족감의 차이를 나타냈습니다. 은메달리스트는 금메달리스트와 비교해서 불행함을 느꼈고, 동메달리스트는 노메달리스트와 비교해서 행복감을 느낀 거예요. 이처럼 어떻게 비교하느냐에 따라 내가 느끼는 만족감은 달라질 수 있습니다.

자신의 욕구가
충족되어야
행복합니다

행복은
지금 바로 여기에서

    행복은 어디에 있는 것일까요? 벨기에의 셰익스피어라 불리는 모리스 마테를링크가 쓴 희곡 『파랑새』에는 행복을 의미하는 파랑새를 찾아나서는 틸틸과 미틸 남매에 대한 이야기가 나옵니다. 여러 나라를 돌면서 파랑새를 찾고자 했지만 결국 찾지 못합니다. 체념하고 집에 돌아와 보니 집에 있는 새장 속에 있다는 것을 알게 되죠. 너무 당연한 이야기지만 우리들은 삶의 중요한 진실을 자꾸 잊습니다.

    톨스토이는 『세 가지 질문』에서 이것을 일깨워줍니다. '인생에서 가장 소중한 순간은 언제인가?', '인생에서 가장 소중한 사람은 누구인가?', '인생에서 가장 소중한 일은 무엇인가?' 세 가지 질문에 대해 "가장 소중한 순간은 지금. 가장 소중한 사람은 지금 내 옆에 있는 사람. 가장 소중한 일은 지금 내 옆에 있는 사람을 기쁘게 해주는 것"이라고 답합니다.

    프랑수아 글로르의 소설 『꾸뻬 씨의 행복 여행』에서는 자신의 행복이 오직 미래에만 있다고 생각하는 데서 벗어나야 행복할 수 있다고 말합니다. 불행하지 않으면서도 불행하다고 느끼는 사람들은 더 큰 부자가 되고 더 중요한 사람이 되는 것이 행복이라고 생각한다는 것이죠. 행복을 찾기 위한 꾸뻬 씨의 여행에서 만난 노스님은 사람들이 불행한 까닭은 그들이 행복을 삶의 목표라고 생각하기 때문이라고 말합니다. 사람들이 행복을 목표로 삼는다면 오히려 행복을 놓칠 가능성이 그만큼 커진다고 합니다. 진정한 행복은 먼 훗날 달성해야 할 목표가 아니라 지금 이 순간에 존재하기 때문이에요.

행복을 가꿔가는 주체도 현재의 나 자신이고 불행을 만들어가는 존재도 지금의 나입니다. 지금 내가 불행한 것은 과거에 했던 나의 생각과 행동이 잘못되었기 때문입니다. 지금 내가 누리는 행복은 과거에 했던 선행의 결과임에 틀림없습니다. 앞으로의 행복을 위해서 지금 좋은 마음을 먹고 나를 위하고 남을 위한 일을 해야 합니다. 하지만 미래의 행복을 위해 지금 내가 희생하는 것은 바람직하지 않습니다. 남에게 희생을 요구하며 내 이익을 탐하는 것은 악행이고 불행을 자초하는 것입니다. 나에게도 희생을 강요해서는 안 됩니다. 그 누구도 나를 책임져 주지 않기 때문이죠. 무조건적인 희생은 위험합니다. 나는 내가 책임지고 사랑하고 아껴줘야 합니다.

어리석은 사람은 고통을 불러들일 악행을 하면서 자기 자신을 마치 원수를 대하듯이 한다고 합니다. 나를 위하고 사랑하는 사람은 그 사랑의 마음을 남에게 베풀고 나눕니다. 그것이 진정한 선행입니다. 우리 모두를 위하는 선행은 앞으로 나의 무한한 행복을 보장하는 것이겠죠. 지금 이 순간 내가 진실로 원하는 삶을 살아가면 그것이 행복입니다. 내 욕구를 무시하고 남들의 요구만 들어주는 삶은 불행일 뿐입니다. 자신의 마음 깊은 곳에서 울리는 간절한 바람과 소망이 무엇인지 들어주세요. 지금 내가 간절히 바라는 그것을 아는 것에서부터 행복은 시작됩니다.

그런데 처음에는 내가 하는 생각과 행동이 복을 불러올지 화를 불러올지 판단하기가 어렵습니다. 그 생각과 행동이 나만을 위한 것인지 아니면 다른 사람들도 위한 것인지 분간하기 어렵기 때문인데요. 나를 위한 것이 나쁜 것은 아니지만 그것만으로는 온전히 행복한 삶을 살 수 없습니다.

『법구경』에서는 "만약 시시한 행복을 버림으로써 큰 행복을 얻을 수 있다면 기꺼이 시시한 행복을 버리는 것이 좋다. 현자는 그렇게 함으로써 큰 행복을 얻게 된다"고 했습니다. 시시한 행복을 버리고 나를 비롯해 우리 모두가 혜택 받고 즐거울 수 있다면 큰 행복을 누리게 될 것입니다.

있는
그대로
나답게

지금 이 순간,
진짜 나입니다

지금 내 모습이 맘에 들지 않을 수도 있습니다. '누구는 예쁘고 잘생겼는데 나는 왜 이 모양이지?', '저 사람은 돈도 잘 벌고 성공했는데 나는 그동안 뭐했지?' 이렇게 현실 자각 타임이 올지도 모르죠. 현실을 받아들이는 것은 필요하지만 현실의 무게에 짓눌릴 필요는 없습니다. 태어날 때부터 결정되는 것들에 힘 빼지 말아요. 물고 태어난 수저의 색깔이 금이냐 흙이냐에 따라 경제적 여건에 차이가 생기고 내가 누릴 수 있는 환경이 달라집니다. 또한 어렸을 때 부모와의 연결감과 애정관계의 정도에 따라 정서적 금수저와 흙수저가 갈립니다. 우리의 행복은 경제적 수저보다 정서적 수저의 영향을 더 많이 받습니다. 그리고 정서적 수저의 색깔은 나의 마음가짐과 노력으로 쉽게 바꿀 수 있습니다. 내가 통제할 수 없는 선천적인 것으로 상처받기보다는 나의 애씀에 따라 달라질 수 있는 후천적인 삶을 위해 살아가는 것이 좋습니다. 지금의 나를 있는 그대로 받아들이고 내 삶의 주인으로서 내가 원하는 모습을 하나씩 만들어나가요.

자신의 욕구가
충족되어야
행복합니다

붓다는 "현재 우리의 모습은 과거에 우리가 했던 생각의 결과다"라고 했습니다. 그동안 살아오면서 선택하고 행동했던 결과의 총합이 지금의 나입니다. 그리고 지금 내가 하는 생각의 결과가 모여서 미래의 내 모습이 될 것입니다. 남과 비교하기보다는 예전의 나와 비교하는 것이 더 낫습니다. '어제의 나'와 '지금의 나'를 비교할 때 '미래의 나'가 보입니다. 1년 전의 나, 10년 전의 나와 지금의 내가 어땠는지 살펴봐야 1년 후의 나, 10년 후의 나를 상상해볼 수 있습니다. 지나온 삶을 지금과 비교해 앞으로의 삶을 그려보는 것은 그 자체만으로도 의미가 있습니다. 복잡한 세상 속에서 나의 생각과 삶에 미치는 요소는 아주 많습니다. 그렇기 때문에 오지 않은 미래를 정확하게 예측한다는 것은 불가능할 것입니다. 다만 과거의 사건들을 기억하고 내 삶의 패턴을 이해함으로써 추측의 정확도를 높일 순 있습니다.

수십 년 전보다 지금 일기예보의 정확도가 더 좋아진 것은 과거로부터 기상 정보의 데이터가 많이 쌓였고 분석하는 컴퓨터의 성능도 좋아졌기 때문입니다.

앞으로 4차 산업시대에는 빅데이터와 인공지능이 더 발달하고 우리의 삶에 많은 영향을 미칠 것이라고 합니다. 현재도 우리는 그 혜택을 받고 있습니다. 스마트폰으로 검색하는 내용, 가는 장소, 결제하는 제품, 기타 등등 나와 관련된 많은 정보가 기록에 남습니다. 정보의 공개 범위를 얼마큼 설정했느냐에 따라 IT기업의 데이터베이스에 저장되며 분석을 통해 나에게 필요한 정보로 재생산해서 공급해줍니다.

첨단 정보 시대에 살고 있는 우리는 여러 가지 혜택을 제공받고 있습니다. 삶이 더 편리해졌고 내가 할 수 있는 생각과 기억도 컴퓨터가 대신해주는 경우가 많아졌습니다. 그렇기 때문에 더 중요한 것은 내 삶을 성찰하면서 세상을 바라보는 통찰력을 기르는 것입니다. 아무리 세상이 좋아졌어도 기술이 대신해줄 수 없는 인간 고유의 영역이 있습니다. 그것은 바로 사유와 통찰 그리고 판단의 힘입니다. 슈퍼컴퓨터의 성능이 더욱더 좋아져서 앞으로 내가 무엇을 할 것인지 미래 예측을 해서 알려준다고 한들 내가 하지 않으면 그 예측은 틀린 것이 됩니다. 그만큼 우리 인간이 가진 생각하고 판단하는 능력은 나를 나답게 하는 중요한 부분이 아닐 수 없습니다.

나를 성찰하고 나와 세상을 통찰하는 것은 지금 이 순간 내가 집중해서 알아차리는 힘에 의해 결정됩니다. 아주 짧은 찰나의 시간 동안 과거-현재-미래가 다 모여 있습니다. 내가 지금을 몇천 몇만 분의 1초로 쪼개어보느냐에 따라 흘러가는 이 시간이 길게 느껴질 수도 있고 짧게 느껴질 수도 있습니다. 깨어 있는 정신에서 현재의 나를 알아차리는 것은 나를 조율하는 것과 같습니다. 관심을 갖고 들여다보는 것만으로도 나다운 상태로 세팅되기 시작합니다. 기타와 같은 현악기가 바른 음을 맞추기 위해 튜닝을 하듯이 내 고유의 소리를 찾기 위한 자율적인 조절이 이루어집니다.

니체는 『방랑과 그 그림자』에서 이렇게 말했습니다. "성공하는 사람은 모든 것에서 강한 능력과 행운을 가지고 있으며 사고와 행동이 상당히 효율적이어서 무슨 일이든 남보다 요령이 좋은 듯 보인다. 그러나 그들 또한 보통 사람과 마찬가지로 결점과 약점이 있다. 대개의

자신의 욕구가
충족되어야
행복합니다

사람들은 자신의 약점에 대해서는 보고도 보지 못한 척 외면한다. 그러나 성공한 사람들은 그것을 똑바로 마주하며 자각한다. 그것이 보통 사람과 그들의 차이다."

정신이 깨어 있다면 성찰할 수 있고 지난 과오를 반성하며 허물을 고칠 수 있습니다. 부족한 부분을 인정하고 고치는 사람은 성장하고 발전합니다. 내 마음에서 지난날의 허물이 정말 사라졌는지 자꾸 확인해봐야 합니다. 바뀌지 않았다면 스스로 경책하며 바꾸겠다는 의지를 내어야 합니다. 성찰을 통해 결점은 장점으로 바뀌어가고 인격은 성숙되어갑니다. 나의 부족한 점을 마주할 용기를 내고 그대로를 받아들인다면 약점은 더 이상 약점이 아닙니다. 이미 나는 예전의 내가 아닌 것이죠. 약점 뒤에 감춰진 강력한 장점이 고개를 들 것입니다. 내가 나이기를 포기할 때 우리는 어둡고 추해지지만 내가 나임을 인정하고 있는 그대로를 드러낼 때 가장 아름답고 찬란합니다.

함석헌은 『너 자신을 혁명하라』에서 "인격은 스스로 자존하는 데 뿌리를 박은 후에야 비로소 힘이 있는 생활, 곧 스스로를 새롭게 하는 생활을 할 수 있다. 자기 개혁은 누가 시켜서 될 수 있는 것이 아니다. 나 스스로 해야만 될 수 있는 내가 자신의 법규가 되고 스승이 되고 감독자가 돼서만 자기 개혁을 이룰 수 있다. 자기가 스스로 자기의 법칙이 되면 아무것도 지배받을 필요가 없고, 따라서 부단히 스스로 자라는 생명이 될 수 있다. 그것이 정말 혁신된 자아다"라고 했습니다. 누구의 지배를 받는 것이 아니라 내가 나의 주인이 되어 나를 바꿀 수 있다는 것이 곧 희망입니다.

의미 있는 삶을 살아가고 있나요?

멘탈mental에 대한 관심이 많아지고 있습니다. '멘탈이 건강하다', '멘탈에 문제가 있다', '멘탈이 붕괴됐다', '멘탈이 나갔다' 등등 정신과 심리에 따른 상태를 표현할 때 쓰이는데요. '멘탈 붕괴'라는 말은 일상에서 많이 쓰는 말이죠. 깜짝 놀란 상황을 재밌게 표현하기도 하고, 정말 심각한 충격을 받았을 때 쓰이기도 합니다. 미국 드라마 〈멘탈리스트The Mentalist〉에서는 놀라운 정보 포착력, 뛰어난 기억력, 탁월한 통찰력을 가진 주인공이 멘탈리스트로서 범죄 사건을 날카로운 추리력으로 실마리를 풀어나가는 과정을 보여줍니다.

이젠 삶의 질과 행복뿐 아니라 능력적인 면에서도 멘탈을 많이 고려하게 됐어요. 몸의 건강만큼이나 정신 건강도 중요하게 다루면서 '멘탈 헬스'라는 말도 등장했고요. 멘탈을 잘 관리하는 것이 경쟁력으로 각광받는 시대가 되었습니다. 특히 멘탈이 거의 흔들리지 않는 사람들을 '멘탈갑' 또는 '강철 멘탈'이라고 하는데요. 멘붕과 멘탈 지진을 자주 겪는 '두부 멘탈', '유리 멘탈'과는 달리 고난과 시련에도

자신의 욕구가
충족되어야
행복합니다

굳건합니다.

　그렇다면 우리는 멘탈을 키우기 위해서는 어떻게 해야 할까요? 멘탈이 강한 사람도 처음부터 그랬던 것은 아닙니다. 힘든 시기를 겪으면서 정신은 단단해지고 내공이 더 깊어진 것이죠. 망치를 든 철학자로 알려진 니체는 "왜 살아야 하는지 아는 사람은 어떤 상황도 견딜 수 있다"라고 했습니다. 그의 말처럼, 우리는 존재의 의미를 추구할 때 스스로 설 수 있는 힘이 길러지고, 시련을 헤쳐 나갈 수 있는 역량을 갖추게 됩니다.

　멘탈갑의 인물로 정신요법의 전문가 빅터 프랭클이 있습니다. 프로이트의 정신 분석과 아들러의 개인 심리학에 이어 정신요법 제3학파라 불리는 로고테라피(의미요법) 학파를 창시했습니다. 그는 '의미에 대한 추구'를 인간의 본능으로 여기며 진정한 가치를 부여했는데요. 자신이 추구하는 의미를 찾을 수 있다면 고통을 감내하고 희생을 감수할 수 있다고 했습니다. 의미가 있다면 생명까지도 바칠 수 있겠지만, 의미를 잃으면 고통은 가중됩니다. 심지어 자살 충동까지 느낍니다. 그의 저서『의미를 향한 소리 없는 절규』에서 현대인들이 겪는 정신적 고통을 다음과 같이 설명하고 있습니다.

　"우리는 아직도 오랫동안 품어왔던 꿈을 꾼다. 사회·경제적 여건이 개선되면 모든 갈등이 풀리고 모두가 행복해질 것이라는 꿈이다. 하지만 실상은 그렇지 않다. 생존 투쟁이 진정되면서 한 가지 의문이 등장했다. '무엇을 위한 생존이냐?' 인류 역사상 가장 많은 사람들이 풍족한 삶을 살고 있는데, 생존의 의미는 가장 빈곤한 시대에 살고 있다. 거듭 강조하건대, 누군가는 비극을 맞닥뜨리고 고통 속에 있으면서도 의미를 기대하며 행복감을 느낀다. 의미에는 진정 치료의 힘이 있다."

아무리 힘든 상황에서도 그 상황이 우리에게 주는 의미를 생각해보고 받아들일 수 있다면 극복할 수 있습니다. 2차 세계대전 당시 빅터 프랭클은 아우슈비츠 강제수용소에서 최악의 고문을 당했지만, 긍정적인 마음으로 이겨냈습니다. 고통과 죽음을 포함한 모든 상황에서 의미를 찾았기 때문이죠. 대부분은 극심한 고통과 추위, 배고픔에 떨었고 희망을 상실했습니다. 의미를 찾지 못한 사람들은 극도로 쇠약해지고 죽어갔습니다. 반면에 그는 따뜻하고 편안한 강의실에서 심리학 강의를 하고 있는 모습을 상상했습니다. 나치들이 육체를 억압하며 통제했지만, 생각에는 자유가 있었습니다. 삶의 밑바닥에서 일어설지 주저앉을지 스스로 결정했습니다. 죽음의 수용소 작은 방에 홀로 있으면서 '인간이 가진 최후의 자유'를 자각했습니다. 누구도 빼앗아 갈 수 없는 자유 안에서 삶의 의지를 냈습니다. 삶의 의미를 찾았고 생존할 수 있었습니다.

그는 말합니다. "현대인을 위협하는 것은 손에 잡히지 않는 삶의 의미나 내면의 실존적 공허함이다. 잠재해 있는 공허함은 언제 그 모습을 드러낼까? 권태로운 상태에 있을 때이다. 우리는 극복해야 하는 내면의 수용소를 갖고 있다. 용서와 인내로 극복함으로써 현재와 미래에 온전한 인간 존재가 될 수 있다. 결국 알고 보면 모든 상황이 의미의 씨앗을 내포하고 있다."

자신의 욕구가
충족되어야
행복합니다

마음이 공허해질 때가 있습니다. 사람들과 만남을 기피하게 되고 공부와 일에 의욕이 사라지는 경우가 생깁니다. 이럴 때일수록 의미에 집중해야 합니다. 사람들의 만남에서 관계의 의미를 생각해봐야 합니다. 지금 하는 공부에 어떤 의미가 있는지 찾아야 합니다. 하고 있는 활동에서 일의 의미를 알아야 합니다. 그래야 관계도 좋아지고 공부도 일도 잘 됩니다. 지금 마음이 공허하고 심란하다고 좌절하지 말아요. 오히려 지금의 무기력과 권태가 우리를 더욱 굳건하게 할 수 있습니다. 바람이 불 때 나무는 흔들리지만 뿌리는 더 깊어질 수 있습니다. 의미를 추구하는 한 우리의 미래는 희망적입니다.

3

작지만
확실히
행복한 삶

요즘 심플한 삶에 대한 키워드가 자주 등장하고 있습니다. 심플한 삶을 열망하는 사람들은 자신의 행복을 위해 단순한 것의 가치에 비중을 두고 살아갑니다. 갈증으로 목이 타는 사람이 차가운 물에 몸을 담그거나 시원한 물을 들이켜는 것처럼, 복잡다단한 현대 생활에 지친 영혼은 단순함을 꿈꿉니다. 물질문명의 발달에 반해 정신문명이 퇴보해가는 시대적 딜레마 속에서 이런 트렌드는 반가운 소식이 아닐 수 없습니다.

도미니크 로로는 『심플하게 산다』에서 다음과 같이 말했습니다.

"심플한 삶은 아름답다. 심플한 삶은 적게 소유하는 대신 사물의 본질과 핵심으로 통한다. 심플한 삶은 문제를 해결해준다. 너무 많이 소유하려는 것을 멈추자. 그러면 자신을 돌보는 데 더 많은 시간을 할애할 수 있다. 필요한 물건보다 더 많이 소유하는 것은 곧 새로운 불행을 짊어지는 것이다."

단순한 삶은 동양 고전에서 빠지지 않는 단골 메뉴인데요. 『심플하게 산다』의 저자 도미니크 로로는 프랑스에서 태어났으나 동양적인 아름다움에 빠져 오랫동안 일본에서 살고 있습니다. 일본은 선禪의 정신이 문화적 저변에 잘 담겨 있어요. 프랑스 출신 수필가였던 그녀는 미국에 있을 때 일본식 정원을 구경하고 그 아름다움을 알고 싶은 주체할 수 없는 욕망에 이끌려 일본으로 가게 되었다고 합니다. 일본에서는 단순함의 정신을 단사리斷捨離라고 해요. 불필요한 것을 끊고斷, 버리고捨, 집착에서 벗어나는離 것을 지향하는 삶의 방식을 의미합니다.

예전에는 가격 대비 성능비를 의미하는 가성비價性比의 시대였습니다. 하지만 근래 들어서 가심비價心比라는 말이 등장했어요. 싸면 좋다는 가성비의 관념에 심리적인 만족감까지 더해진 말입니다. 효율을 중시하던 마인드에서 실질적인 효과의 측면까지 고려하는 경향이 더해진 거예요. 서울대 소비트렌드 분석센터에서 펴낸『트렌드 코리아 2018』에서는 가심비를 '가격 대비 마음의 만족을 추구하는 것'으로 정의했는데요. 그 내용을 더 살펴보겠습니다.

"가심비는 가성비에 주관적·심리적 특성을 반영한 개념이다. 가성비의 초점이 상품의 가격과 객관적 성능에 있다면, 가심비의 초점은 소비자가 해당 상품으로부터 무엇을 얻었는가?' 하는 주관적 판단에 있다. 이 주관적 판단은 마치 위약placebo처럼 정확하지도 일관되지도 않기에 가심비에 입각한 소비를 '플라시보 소비placebo consumption'라고도 부를 수 있다. 소비가 주는 위약 효과는 특히 소비자 안전에 대한 심리적 불안을 잠재워줄 때, 소비자가 사랑하는 대상에 대해 지출할 때, 소비자의 스트레스를 해소해줄 수 있을 때 극대화되어 나타난다."

가심비라는 소비 경향을 통해 살펴봤을 때, 우리 삶의 방향이 더욱더 마음의 행복에 맞춰가고 있다는 것을 알 수 있습니다. 소비를 통한 행복은 무시할 수 없을 정도로 삶의 많은 영역을 차지하고 있습니다. 그만큼 지출을 하더라도 지혜롭게 해야 우리의 삶이 보다 편안하고 행복해지는 것이죠. 그렇다고 단지 무언가를 구입하고 소유하는 것에만 치중하면 안 됩니다. 소비적 차원이 아니라 기존에 갖고 있는 것들을 잘 활용하고 삶을 풍요롭게 가꿔가는 관점에 대해서도 생각해봐야 합니다.

2017년에는 젊은이들 사이에서 욜로YOLO: You Only Live Once라는 키워드가 주목을 받았습니다. 현재 자신의 행복을 가장 중시하고 소비하는 태도를 일컫는 말이에요. 그로 인해 남의 눈치 안 보고 스스로 만족하는 삶을 사는 욜로족이 대거 등장했습니다. 그 흐름은 지금도 이어집니다. 욜로에서 조금 더 나아간 개념으로 소확행小確幸이 등장했습니다. 소확행은 '작지만 확실한 행복'의 준말이에요. 아울러 '한 번 사는 인생 내가 원하는 삶을 살아보자'라는 욜로의 실천 방안입니다. 일상에서 느낄 수 있는 작지만 확실하게 실현 가능한 행복 또는 그것을 추구하는 삶의 경향이죠.

소확행은 일본 소설가 무라카미 하루키가 자신의 수필집에 담긴 「랑겔한스섬의 오후」에서 언급한 말이었는데요. "갓 구운 빵을 손으로 찢어 먹는 것, 서랍 안에 반듯하게 접어 넣은 속옷이 잔뜩 쌓여 있는 것, 새로 산 정갈한 면 냄새가 풍기는 하얀 셔츠를 머리에서부터 뒤집어쓸 때의 기분……"을 행복으로 정의했습니다. 누구나 겪을 법한 일상이고 남에겐 의미가 별로 없을 수 있지만 나를 행복하게 하는 소소한 것입니다. 취업, 결혼, 해외여행, 좋은 집과 고급차 등 보이는 것들의 물질적 가치는 크지만 그것의 성취는 불확실합니다. 불확실한 것을 좇기보다는 작지만 성취하기 쉬운 일상의 소소한 것들을 추구하는 편이 낫습니다. 집 근처 공원을 산책하거나 좋아하는 빵을 먹을 때처럼 지극히 개인적이지만 내가 만족하는 '지금 바로 여기'에서 '이 순간에 집중'하는 것이죠. 이것이 작지만 확실한 행복, '소확행'입니다.

소확행은 서울대 소비트렌드 분석센터의 2018년 대한민국 소비트렌드 중의 하나예요. 함께 선정된 키워드 '미닝아웃Meaning out'과 '커렌시아Querencia'와도 연관이 있습니다. '미닝아웃'은 함부로 드러내지 않았던 자기만의 의지나 정치적·사회적 신념을 커밍아웃한다는 의미고요. '케렌시아'는 스트레스와 피로를 풀며 안정을 취할 수 있는 공간과 경향을 뜻합니다. 나의 소소한 행복은 자신의 의견을 자유롭게 표출하는 것과 휴식을 취하며 안정감을 느끼는 것에서도 온다는 면에서 연결고리를 찾을 수 있습니다.

유럽에서도 소확행과 비슷한 개념을 쓰고 있습니다. 프랑스에서는 '고요하고 한적하다'는 뜻으로 오캄au calme을 사용합니다. 즐겨야 한다는 압박에서 벗어나 평온을 추구하는 태도지요. 스웨덴에서는 '딱 좋다', '적당하다'라는 의미로 라곰lagom을 쓰는데 과하지도 부족하지도 않은 것에 기뻐하고 만족하는 태도입니다. 덴마크에서도 휘게hygge라는 말로 '편안함', '안락함'을 표현하고 있습니다. 가족과 친구와 함께하는 데서 오는 안락함이나 혼자만의 여유 등에 만족하는 행복을 의미합니다.

　그렇다면 불교에서는 행복의 길을 어떻게 안내하고 있을까요? 행복을 위해서는 채우는 것보다 비우는 것이 중요하다고 합니다. 행복은 성취라기보다는 지금 현재 주어진 것에 만족하고 나 자신을 온전히 사랑하는 것이기 때문이에요. 고통은 행복을 가로막는 장애물입니다. 따라서 고통만 걷어내면 우리는 행복할 수 있습니다. 고통의 원인을 제거하면 되는 것이죠. 집착과 탐욕을 내려놓으면 됩니다. 필요 이상의 것을 소유하고 이루고자 하는 것은 욕심이에요. 그렇기 때문에 소유하지 못함과 이루지 못한 것에 대해 괴로워하는 것이 우리들의 일반적인 모습입니다.

　사실 행복은 우리 가까이에 있습니다. 지금 바로 여기에서 행복할 수 있어요. 욕심만 내려놓으면 됩니다. 지금 내가 소유하고 있는 것에서부터 출발하세요. 불필요한 것을 필요 이상으로 갖고 있는 것은 아닌지 한번 살펴봐요. 그리고 내가 갖고 싶은 그것이 나에게 정말 필요한 것인지를 돌이켜 생각해봐요. 현재의 소유물을 정리하고 잠재적 소유욕만 내려놓아도 마음은 한결 편해집니다. 그로 인한 고통은 화로 위의 눈송이처럼 사라질 것입니다.

　내가 머무는 공간에도 정돈이 필요합니다. 어지럽혀진 방에서 충분한 휴식과 안정을 취할 수 없기 때문이지요. 내 주변을 정돈하고 깔끔히 정리하는 것만으로도 그 공간이 갖고 있는 에너지 상태가 많이 달라집니다. 크게 돈과 힘을 들이지 않아도 내 주변 정리를 하면 쉽게 행복해질 수 있습니다.

작지만
확실히
행복한 삶

더 나아가 고통을 부르는 집착하는 마음을 내려놓는 방법에 대해 생각해봐요. 불교에서는 보통 소유에 대해 엄격한 잣대를 둡니다. 베풀고 나눠 자신의 소유를 없게 하라는 것입니다. 이 몸뚱이마저도 내 것이라는 집착을 하지 말라고 합니다. 곧 무소유의 정신이에요. 하지만 아무것도 소유하지 않는 것이 무소유의 실천은 아닙니다. 내 것만이 아니고 우주의 것이며 인류와 자연 모두의 것이라는 마음가짐을 갖는 것입니다. 내 소유를 살피고 자기 자신을 돌아보는 것이 무소유를 실천하는 길입니다. 내가 갖고 있는 것을 효율적으로 쓰고 아끼고 사랑하는 거예요. 소유하지 말자는 것이 아니라 그것을 더 가치 있게 사용하고 서로 나누자는 가르침입니다.

소유를 에너지의 관점에서도 볼 수 있습니다. 존재하는 모든 것은 고유의 파장을 갖고 있기 때문이죠. 음식, 옷, 컴퓨터, 스마트폰, 이불, 책, 책상 등 여러 가지 물건은 에너지로 존재하고 고유의 주파수를 갖고 있습니다. 자신의 주파수를 방출하고 다른 것을 수용합니다. 같은 물건이더라도 어떤 위치에 어떻게 놓여 있느냐에 따라 에너지 상태가 다르며 다른 파장이 나옵니다.

따라서 나의 마음을 편안하게 하고 정신을 산만하게 하지 않도록 그 파장을 조정해야 합니다. 신경이 자꾸 쓰이고 불편함을 주는 배치는 바꿔야 합니다. 없어도 될 물건들은 버리는 것이 좋습니다. 나를 복잡하게 하는 파장을 주는 물건은 없는 편이 낫습니다. 무엇을 소유하고 채우느냐보다 갖고 있는 것을 어떻게 정리하고 비우느냐가 더 중요합니다. 이러한 습관이 몸에 배면 매사에 더 신중하게 되고 더 안정감을 가질 수 있습니다.

　자신의 물건을 정리하고 정돈하는 것은 곧 자기를 성찰하는 길입니다. 소유하고 있는 것을 잘 관리함으로써 자기 자신을 정돈할 수 있기 때문이에요. 정돈되고 심플한 삶은 우리에게 작지만 확실한 행복을 가져다줍니다. 즉 남들에게 보이기 위해 지나치게 치장하는 것보다 내 주변을 정돈하는 소소한 행복이 중요합니다.

여행을 떠나는
기분으로 살아요

우리는 자기 자신에 대해서 많이 아는 것 같지만 사실 모르는 게 더 많습니다. 내가 나로 살기로 결심하는 순간부터 전에 몰랐던 내가 보이기 시작합니다. 세상 그 누구보다 자기를 잘 아는 존재는 자기 자신이니까요. 단지 그동안 바쁘다는 핑계로 관심이 덜했을 뿐입니다.

철학자 니체는 우리에게 어떻게 살아야 하는지 얘기해줍니다. "인생을 최고로 여행하라. 어떤 일이든 다시 시작되는 내일의 나날에 활용하고, 늘 자신을 개척해가는 자세를 갖는 것이야말로 인생을 최고로 여행하는 방법이다." 가본 적 없는 미지의 땅에서 막연히 여정을 소화하는 것만이 여행이 아니라는 거예요. 오히려 여행할 때의 기분과 호기심을 삶의 영역으로 가져와서 풍요롭게 살 것을 권합니다.

같은 맥락에서 천상병 시인은 「귀천歸天」이라는 시에서 "아름다운 이 세상 소풍 끝내는 날, 가서, 아름다웠더라고 말하리라"라며 우리의 삶을 소풍 왔다 돌아가는 것으로 표현했습니다.

살다 보면 일이 잘 풀릴 때도 있고 안 그럴 때도 있습니다. 잘되면 내 덕분이고 안되면 남 때문으로 여긴다면 당장 마음은 편하겠죠. 하지만 자신의 삶에는 결코 도움이 안 됩니다. 잘되든 안되든 남 탓하지 않고 그 원인과 결과를 자신에게 돌려야 합니다. 나 스스로 선택한 길을 걸어간 것이니까요. 실패하더라도 그 누구를 원망하지 않습니다. 내 생각과 선택을 존중하며 결과에 책임지면 됩니다. 그래야 삶의 주인 노릇을 하는 것이니까요. 자기주도형 인생을 살아가는 거예요.

세상이 나를 어떻게 보든 너무 신경 쓰지 말아요. 더 중요한 것은 내가 나 자신을 어떻게 보느냐입니다. 남보다 자신에게 부끄러울 것을 염려하고 남보다 자신에게 당당해야 합니다. 자기에게 진실하기 바랍니다. 무엇을 하고 싶은지 어떻게 살아갈지 내 안에서 답을 찾아보세요. 다른 사람에게 물어보고 결정하지 말아요. 물어보고 참고할 수는 있겠죠. 하지만 결정권을 타인에게 넘기지 말아요. 굳이 남의 동의를 구할 필요 없습니다. 인생에는 정답이 없고 남이 대신 살아주는 게 아니니까요. 내가 선택하고 내가 책임지면 됩니다. 선택을 계속 미루고 있다면, 뭘 해야 할지 고민이라면, 한번 생각해보세요. 내가 책임지기 싫어서 생각과 결정을 회피하는 건 아닌지를요.

법정 스님은 "나는 누구인가. 이 원초적인 물음을 통해서 늘 중심에 머물러야 한다. 그럼으로써 자기 자신에 대한 각성을 추구해야 한다"라고 했습니다. 행복은 자신에 대한 원천적인 물음과 앎에서 출발합니다. 내면 깊은 곳의 근본적 욕구를 알고 충족하는 삶이라야 만족할 수 있습니다. 그 주체가 나 자신이기 때문입니다. 우리는 조연을 하기 위해 태어난 게 아닙니다. 인생이라는 영화에 주인공으로 살기 위해 태어난 것입니다. 내가 주인공이 돼봐야 다른 사람의 인생 영화에 멋있는 조연이 돼줄 수 있습니다. 우리는 돈과 명예가 없어서 불행한 것이 아닙니다. 자기가 누구인지 몰라서 불행한 것입니다. 자신에 대한 이해와 사랑으로 행복이 옵니다.

함석헌은 나로 살기 위해선 정신의 힘이 필요하다고 역설합니다. "정신을 가져라. 뱃심을 가져라. 정신은 일어서는 것이요, 버티는 것이요, 번져나가는 것이요, 폭발하는 것이다. 겁내지 말고 정신을 가지기 위해 믿으라. 믿음의 성운, 그 소용돌이 중심에서 영의 불꽃이 일고, 그 불꽃을 정신이라 한다." 삶이 아무리 혼란스럽고 막막해도 내 정신이 곧게 서 있으면 아무 문제 없습니다. 호랑이 굴에 들어가도 정신만 차리면 되고, 정신일도 하사불성精神—到 何事不成입니다. 정신을 하나로 모으면 못할 일이 없다는 뜻이죠.

철학자 세네카는 "우리는 어떠한 지배자 밑에 있는 것이 아니다. 자기 정신의 지배하에 있다. 자기 힘으로 하라! 정신적 활동이 없는 한가함은 일종의 죽음이며 인간을 산채로 매장하는 것이다"라고 했습니다. 나에게 시련이 닥쳐와도 생각하고 행동하기를 힘쓴다면 정신의 힘은 길러질 것입니다. 힘 있게 살아가기 위해선 위대한 정신의 힘이 있어야 합니다.

나는 지금
나답게 살고 있는가요?

나다운 것은 무엇일까요? 나를 알아간다는 것은 즐겁고 신나는 일이지만 쉬운 길은 아닙니다. 포기하고 싶어질 때도 있을 겁니다. 그렇다고 우울해 있지는 말아요. 가능한 한 행복하게 살고 현재를 즐겨요. 마음껏 웃고 이 순간을 온몸으로 느끼면서 즐기는 거예요. 지금이 아니라도 언젠가 다시 나를 찾기 위한 길을 갈 것입니다. 그래야 행복하니까요. 선택은 온전히 나의 몫입니다.

나답게 살기 위해서는 선택을 해야 합니다. 남에게 의지하는 순간 내 삶의 주도권을 빼앗깁니다. 어렸을 때는 부모님과 선생님에게 보호받고 가르침을 받았기 때문에 의지해야 했죠. 나이가 찼다면 이젠 내가 선택하고 책임져야 할 때입니다. 그래야 진짜 어른이 됩니다. 어른이 되어가는 과정에서는 타인에게 의견을 구하고 의지하는 것이 현명한 선택입니다. 하지만 계속해서 내 삶을 남에게 위탁할 수는 없습니다. 내 삶의 경영권을 자기 자신에게 줘야 합니다. 설령 불안정하고 실패하더라도 괜찮아요. 어차피 이 세상에 완벽한 삶은 없

작지만
확실히
행복한 삶

으니까요.

나다운 길에도 때가 있습니다. 사람들에게 주목받기 위한 일탈은 어리숙한 행동일 뿐입니다. 내 말과 행동에 책임을 질 수 있어야 하니까요. 갑작스런 충동으로 자신의 일을 내팽개치는 것은 젊은 날의 객기뿐이겠죠. 내가 원하는 것이 무엇인지를 알고 충분히 생각하며 신중하게 결정해야 합니다. 판단이 섰다면 과감하게 추진하세요. 이 사람 저 사람 눈치 볼 필요 없습니다. 결정적인 순간에 우유부단하지 말아야 합니다. 쇠뿔도 단김에 빼는 법이니까요. 선택으로 말미암아 손실되는 가치는 있을 수밖에 없습니다.

한 번도 싸움에 패한 적이 없다는 일본의 사무라이 미야모토 무사시가 쓴 『오륜서五輪書』에 '육참골단肉斬骨斷'이라는 말이 나옵니다. 자신의 살을 베어 내주고, 상대방의 뼈를 끊는다는 뜻인데요. 작은 희생을 감당함으로써 더 큰 이익을 꾀하는 것이 지혜입니다. 싸움에 이기기 위해서는 어느 정도 작은 희생은 각오해야겠죠. 작은 것에 연연하다가 내 삶의 중요한 가치를 잃지 말아야 합니다. 작은 가치는 주변이 원하는 것이고 큰 가치는 내가 진정 원하는 것입니다. 나 자신의 삶을 선택하기 바랍니다. 그것은 곧 삶을 풍요롭게 하는 길이기도 합니다.

저는 고교생 시절 훌륭한 과학자가 되어 세상의 빛과 소금이 되고자 했습니다. 하지만 대학에서의 학점을 위한 공부는 더 이상 내 길이 아니었습니다. '언제까지 버텨야 하나'라는 생각이 든다는 것부터가 한참 잘못된 것이겠죠. 나 자신에게 솔직하기로 했어요. 하기 싫은 것에는 그만한 이유가 있는 법이니까요. 싫은데 억지로 하다 보면 결국 탈이 나고 맙니다. 언젠가는 후회하게 됩니다.

어느 날 대학 선배가 소개해준 명상센터에 갔습니다. 거기서 만난 명상과의 인연이 제 삶을 바꿔놓았습니다. 호기심으로 시작한 명상은 출가의 도화선이 되었어요. 내 삶을 개척하고 새 인생을 살아가기 위한 결단의 시간이었지요. 물론 그 당시 현실적인 걱정에 많이 망설였어요. 그래도 출가를 한 건 그만큼 절박했기 때문이에요. 어디로 가야 할지 모르는 깜깜한 터널에서 한 줄기 빛이 필요했거든요.

12년이 지난 지금도 같은 길을 걷고 있습니다. 하지만 이 세상에 영원한 것은 없어요. 저도 이 길을 언제까지 걸을 수 있을지는 모르겠습니다. 세상에 모범답안은 없는 거니까요. 내 길이다 싶으면 가보는 것이죠. 가다가 아닌 것 같으면 다른 길을 찾아야 하는 것이고요. 이 세상에 절대적이고 숙명적인 것은 없습니다. 숙명과 절대의 노예가 되어 살지 말아요. 지금도 저는 제 안의 진정성에게 이렇게 묻습니다. '나는 무엇을 하기 위해 태어났는가', '이 세상에서 나의 역할은 무엇인가', '무얼 해야 행복할 수 있을까', '나는 지금 나답게 살고 있는가.'

우리는 늘 사유하고 의심하고 판단하며 바른 길을 찾아가는 존재입니다. 제가 출가를 할 때에도 현명한 선택이었는지는 알 수 없었습니다. 그것을 알았으면 수행의 길에 오를 필요가 없었겠죠. 바로 하산하면 되니까요. 선택한 길을 가면서 내가 무언가 배웠고 깨우쳤다

작지만
확실히
행복한 삶

면 그 과정은 성공적이라 할 수 있겠습니다. 하지만 선택 이후에 대충 살아간다면 어리석은 선택이 돼버리겠죠. 선택보다 더 중요한 것은 선택 이후의 애씀입니다. 선택의 옳고 그름보다 더 중요한 것은 내딛는 내 발걸음의 진정성입니다.

자존감은
내가 나를 아는 만큼

심리학자 나다니엘 브랜든은 『자존감의 여섯 기둥』에서 다음과 같이 말했습니다.

"이렇게 혼란스러운 시대에는 자신의 정체성과 능력, 가치를 분명히 아는 강인한 자기가 필요하다. 문화적 합의는 무너졌고, 중요한 역할 모델은 찾아볼 수 없다. 공적 헌신을 고취하는 일도 드물고, 오래도록 변함없던 삶의 특징들은 급변한다. 역사적으로 볼 때 자기 자신을 모르거나 불신하는 위험한 시대이다. 외부에서 안정을 찾을 수 없다면 스스로 자기 내면에서 만들어내야 한다. 따라서 자존감이 낮은 사람들에게는 특별히 힘든 시대이다."

자존감은 행복한 삶을 위한 필수 아이템일 뿐만 아니라 세상을 살아가는 능력입니다. 안의 세계와 밖의 세계가 긴밀하게 연결돼 있으므로 내 안의 자존감이 외부 활동의 동력으로 작용하는 것입니다. 자존감은 나를 존중하는 태도이자 사랑의 감정입니다. 자신이 사랑받을 만한 가치가 있는 존재로 여기는 마음이고요. 어떤 성과를 이루어낼 만한 능력이 있다고 믿는 마음입니다. 자기 정체성이 확립된 사람은 자존감이 높으며 높아진 자존감은 자기에 대한 확신과 신뢰를 더욱 강화합니다.

『자존감 수업』의 저자 윤홍균은 자존감의 세 가지 축에 대해서 말합니다. 첫 번째는 '사회적으로 난 쓸모 있는 존재다'라고 느끼는 '자기 효능감'입니다. 두 번째는 '내 인생을 스스로 선택하고 있다'고 느끼는 '자기 조절감'이며, 세 번째는 '자기가 속한 관계 안에서 안정'을 느끼는 '자기 안정감'입니다. 이 세 가지 축이 고르게 잘 발달해야 자존감이 높아집니다. '자신을 사랑하는 정도'도 자존감을 나타내며 세 가지 축을 모두 포함합니다. 결국 자존감은 사회적으로 자기 역할을 충실히 하고 인간관계를 잘 맺으면서 자신이 결정하는 삶을 살아감으로써 강화됩니다. 자존감은 행복한 삶을 위한 필수 요소이며 나답게 살다 보면 자연스럽게 회복됩니다.

자존감은 '내가 생각하는 나'입니다. 델포이 신전의 앞마당에는 그리스의 격언 '너 자신을 알라'가 새겨져 있습니다. 소크라테스가 한 말로 더 많이 알려져 있죠. 나를 아는 것이 왜 중요하느냐 하면 모든 힘의 원천이 거기서 나오기 때문입니다. 삶의 의미와 생각과 행동 모두가 나로 시작해서 나로 끝납니다. 우리는 기본적으로 남을 위해 살아가는 존재가 아니에요. 순전히 나를 위해 살아갑니다. 내가 있고 세상이 있지, 세상이 있고 내가 있는 것이 아닙니다.

하지만 우리는 수행과 신앙을 통해 개체적 자의식과 전체적 우주 의식을 일치하려는 노력을 합니다. 그 과정에서 나의 자의식이 더 높은 차원으로 성장합니다. 이렇게 성숙한 의식 속에서는 남을 위하는 것이 곧 자신을 위하는 것이 됩니다. 나를 위하든 남을 위하든 서로 돌고 도는 에너지 순환의 흐름이 생깁니다. 나와 남이 둘이 아니며, 나를 위하는 것이 곧 남을 위하는 상태가 되는 것이죠. 따라서 나 자신에 대한 자존감이 높은 사람은 타인을 배려하고 사랑해줄 수 있는 것입니다.

사랑과 삶 모두 자기를 아는 것에서부터 시작됩니다. 니체는 『아침 놀』에서 자기 자신을 아는 삶에 대해 다음과 같이 말했습니다.

"자신에 대하여 얼버무리거나 스스로에게 거짓말을 하며 살지 말 라. 자신에 대해서는 늘 성실하며, 자신이 대체 어떤 인간인지, 어떤 마음의 습성을 가지고 있는지, 어떤 사고방식과 반응을 보이는지 잘 알고 있어야 한다. 자신을 잘 알지 못하면 사람을 사랑으로서 느낄 수 없기 때문이다. 사랑하기 위해, 사랑받기 위해 먼저 스스로를 아 는 것부터 시작하라. 자신조차 알지 못하면서 상대를 알기란 불가능 한 것이다."

『법구경』에는 "자신을 채찍질하여 스스로를 일깨우라. 스스로를 지키고 삼가며 반성할 줄 아는 사람은 항상 행복하게 살 것이다. 자 기는 자신의 주인이고 스스로 의지할 곳이다. 그러므로 상인들이 착 한 말을 조련하듯이 자기 자신을 잘 조련하라"라는 말이 나옵니다. 붓다는 마지막 설법으로 "자기 자신을 의지하고 등불 삼아 진리를 스승으로 삼으며 그것을 밝히는 삶을 살라自燈明 法燈明"라고도 했습니 다. 우리에게 자기 자신을 통한 깨달음과 행복을 누누이 강조했던 것이죠.

내 안에 진리가 있기 때문에 '나로부터의 혁명'이 가능한 것입니다. 이로써 내 삶의 방향과 자아 정체성이 분명해집니다. 내 안에서 스스로 발견한 진리, 그것은 궁극적으로 나를 자유롭고 행복하게 합니다.

나답게 살기 위해
버려야 할 것들

　심리학에서는 욕구를 가진 존재를 일컬어 에고ego 또는 셀프self라고 합니다. 여러 가지 욕구를 자기 분수에 맞게 충족해가야 하는데요. 욕구에 대한 과도한 갈망은 도리어 해가 됩니다. 이런 과도한 갈망을 욕망이라고 합니다. 욕망이 많으면 이기적인egoistic, selfish 사람이 됩니다. 즉, 자기밖에 모르는 사람이죠. 자기에게만 관심 갖고 다른 사람에 대해서는 무관심하거나 전혀 개의치 않는 이기주의자egoist가 됩니다.

　불교에서는 자리自利와 이타利他가 동시에 있어야 한다고 가르칩니다. 이기심과 이타심이 적절히 조화를 이루어야 하는데요. 자리란 스스로를 이롭게 한다는 뜻이며 개인의 행복을 뜻합니다. 삶과 수행을 통해 생기는 복락과 지혜의 이익을 내가 누리는 거예요. 이타란 다른 이들을 이롭게 하는 것입니다. 나만을 위하는 이기심에서 벗어나 다른 이들도 행복하기를 바라며 돕는 것입니다. 따라서 자리이타는 나와 남의 이익을 동시에 추구합니다.

자리이타는 철학자 피터 싱어가 주장하는 효율적 이타주의effective altruism와 비슷한 개념인데요. 먼저 이타주의利他主義, altruism는 자신의 안위만을 생각하는 이기주의利己主義, egoism와는 반대 개념입니다. 개인은 타인에게 혜택을 줘야 하는 도덕적 의무가 있습니다. 일반적 이타주의는 자기희생에서 비롯된다는 생각에 근거하고요. 타인의 삶을 개선시킨다는 긍정적인 의미도 있습니다. 하지만 효율적 이타주의는 자기희생을 요구하는 개념이 아닙니다. 저마다의 기준과 한도 내에서 선善을 최대화하는 마음입니다. 소득의 최소 10퍼센트, 많게는 50퍼센트까지도 기부하고, 10퍼센트보다 적은 수준을 기부하지만 차츰 늘려나갈 목표를 갖고 있는 이들도 있습니다. 이 과정에서 이기심과 이타심이 적절히 조화를 이룹니다.

나만을 위하는 탐욕스런 마음을 버리면 바로 행복할 수 있습니다. 과도한 욕망은 내 마음에 상처를 남기고 남에게 피해를 주며 결국 자신에게는 화로 돌아옵니다. 내 이익과 행복을 위해서 남에게 피해를 준다면 진정한 행복이 아니기 때문이죠. 언젠가는 내게 후회와 고통으로 돌아옵니다. 그래서 불교에서는 탐욕을 내려놓으라고 합니다. 과한 욕망은 집착을 낳고 그로 말미암아 고통이 오기 때문입니다. 탐욕을 위한 삶이 처음에는 편하고 좋을지 모릅니다. 하지만 시간이 지날수록 마음이 불편해집니다. 결국 불편함과 불이익으로 돌아옵니다. 돈을 잃은 사람은 편하게 자도, 돈을 훔친 사람은 다리를 뻗고 못 잔다는 말이 있잖아요. 내가 지은 모든 인연에는 그에 상응하는 결과와 보상이 따른다는 인연과보因緣果報의 법칙을 생각해봐야 할 것입니다.

나답게 사는 사람과 이기주의자는 전혀 다릅니다. 니체는 『즐거운 지식』에서 이렇게 말했습니다. "이기주의자egoist는 가까이에 있는 것을 중시하고 자신에게서 먼 것을 경시하며 단순하고 근시안적인 계산을 하고 있을 뿐이다. 그런 의미에서 이기주의자의 계산은 조금도 면밀하지도 사실을 반영하지도 않는 감정적인 판단에 의한 것이라 말할 수 있다. 즉 이기주의자의 판단은 근거가 없다. 그렇기 때문에 이기주의자는 감정적이고 신용하기에는 부족한 사람들이라 할 수 있다."

나답게 산다는 것은 자기 자신을 성찰하고 내면의 욕구에 반응하는 삶입니다. 내 안에 있는 본성과 다양한 욕구에 주의를 기울이며 그것을 위해 성실히 살아갑니다. 그래서 나답게 사는 사람은 진정성과 성실성을 바탕으로 삶을 통찰하는 안목과 힘을 갖춥니다. 이기주의자의 근시안적이고 편협적인 사고와는 다를 수밖에 없습니다. 나와 남을 동시에 고려하는 통합적인 사고를 하기 때문에 남의 희생을 강요하지도 않고 우리 모두가 함께 잘살 수 있는 가치에 집중합니다. 이것은 곧 무아無我의 정신입니다. 고요한 관찰을 통해 우리는 텅 빈 충만감, 공空을 경험할 수 있습니다. 즉, 에고가 없는 상태를 발견할 수 있다는 것입니다. 평소에 무언가에 집착하는 고정된 존재라고 느꼈지만, 이것이 단지 마음이 지어낸 이미지에 지나지 않음을 깨닫게 되는 상태입니다.

탐욕스런 마음에는 만족이 없습니다. 욕심은 무한하기 때문이죠. 충족되지 않은 마음은 불평불만으로 이어지고 스스로 화를 내며 주변 사람을 불편하게 합니다. 이것은 탐욕이라는 독화살에 맞은 것과 같습니다. 만일 우리가 이런 독화살에 맞았다면 어떻게 해야 할까요? 생명이 위태로울 수 있다는 사태의 심각성을 알아차렸다면 독화살을 빼고 해독제를 찾아야 합니다. 해독제는 다름 아닌 탐욕과의 작별 선언입니다.

『법구경』에서 붓다는 "어리석고 지혜가 없는 사람은 육체적 향락만을 좇는다. 그러나 현명한 사람은 오로지 정진한다. 마치 최고의 보물을 지키듯이. 육체적 향락을 좇아서는 안 된다. 욕정의 즐거움에 빠져서는 안 된다. 마음을 가라앉히고 부지런히 정진하는 사람만이 풍요로운 행복을 얻을 수 있다"고 했습니다. 과도한 욕심을 내려놓으면 불행 끝 행복 시작입니다.

버리면
얻게 되는 것들

"욕망의 쾌락에 사로잡힌 사람은 마치 덫에 걸린 토끼처럼 발버둥 친다. 그러므로 수행자는 욕망에서 벗어나기 위해 자신의 욕정을 끊으려는 노력을 해야 한다. 쾌락의 삶을 즐기는 자는 욕망의 흐름을 따라간다. 그것은 마치 자신이 만든 줄을 타고 내려가는 거미와 같은 것이다. 이 줄을 끊어버린 현자는 스스로 욕망과 모든 번뇌를 털어버린다." 이것은 『법구경』「애욕의 장」에 나오는 붓다의 말씀입니다.

『법구경』에서는 욕망이란 주제를 많이 다룹니다. 이것은 우리 삶의 중요한 요소지만 어떻게 쓰느냐에 따라 행복할 수도 불행할 수도 있습니다. 살아가기 위해서는 어느 정도의 욕망은 필요합니다. 배고프면 밥을 먹고, 졸리면 잠을 자고, 보고 싶으면 만나고, 표현하고 싶으면 글을 쓰고 말하면 됩니다. 하고 싶을 때 하고 하기 싫을 때 안 하는 것이 최고의 행복입니다. 욕구하고 희망하는 것이 어느 정도 채워져야 행복하게 살아갈 수 있습니다. 하지만 분수에 넘치는 욕망을 추구했을 때 삶은 어긋나기 시작합니다. 재물이나 지위, 관계 등등 내가

작지만
확실히
행복한 삶

필요한 적당량만 갖추면 됩니다. 남들에게 과시하기 위해서 필요 이상의 많은 것을 추구하다 보면 집착이 생기고 거기에서 고통이 발생합니다. 세상이 정해놓은 기준에 나를 맞추고 욕망을 충족시킨다고 해서 행복한 게 아닙니다. 오히려 기준을 낮추거나 욕망을 버린 만큼 만족해하고 행복할 수 있습니다.

초기 불교 경전 중 하나인 『사십이장경四十二章經』에는 재물과 색욕의 위험성을 알리는 경문이 실려 있습니다.

"사람들이 재물과 색을 버리지 못하는 것은 마치 칼날에 묻은 꿀을 탐하는 것과 같다. 한 번 입에 댈 것도 못 되는데 그것을 핥다가 혀를 상한다."

"모든 욕망 가운데서 성욕보다 더 한 것은 없다. 성욕은 그 크기의 한계가 없다. 다행히 그런 욕망이 하나뿐이었기 망정이지 둘만 되었더라도 도 닦을 사람은 아무도 없을 것이다."

붓다는 출가 전 왕자로서 누렸던 세속적인 쾌락에 대해서 회상하며 가르침을 줬습니다. 제자들 앞에서 솔직하게 자신의 체험을 털어놓음으로써 경책하는 내용입니다. 출가한 수행자와 그렇지 않은 사람들에게 똑같은 기준을 적용할 수는 없습니다. 다만 우리 모두가 알아야 할 것은 과한 욕망은 내 정신과 육체를 모두 피폐하게 한다는 사실입니다. 적당한 선에서 맺고 끊을 수 있는 마음의 기준을 세우기 바랍니다.

붓다는 이어서 보리수 아래에서 큰 깨달음을 얻기 전에 겪었던 이야기를 했습니다. "어떤 악마가 내게 미녀를 보내어 내 뜻을 꺾으려고 했다. 그때 나는 이와 같이 말했다. '가죽 주머니에 온갖 더러운 것을 담은 자여, 너는 무엇 하러 내게 왔느냐, 물러가라, 내게는 소용이 없다.'" 이성에 대한 욕정은 깨달음 직전의 순간까지도 나를 괴롭히는 번뇌라는 것입니다. 면밀하게 파고들어 번뇌의 뿌리를 뽑기 위해 부단히 애를 써야 할 것입니다.

아울러 이성을 보고 불순한 생각이 들면 다음과 같이 생각하라고 했습니다. "나이 많은 여인은 어머니로 생각하고, 손위가 되는 이는 누님으로 생각하며, 나이 적은 이는 누이동생으로 여기고, 보다 어린 이는 딸과 같이 생각하여 제도하려는 마음을 내면 부정한 생각이 일어나지 않을 것이다." 애욕으로 말미암아 걱정이 생기고 걱정으로 말미암아 두려움이 생깁니다. 따라서 애욕을 버리면 걱정하고 두려워하는 마음도 사라질 것입니다.

따라서 감각적 욕망을 벗어난 해탈의 행복을 추구합니다. 감각적 즐거움을 세간락世間樂이라 하고 해탈의 행복을 출세간락出世間樂이라고 하는데요. 일반적인 즐거움(樂)을 초월한 즐거움은 극락極樂이라고 해요. 그런데 극락세계에는 갖가지 감각적 기쁨도 만끽하고 이것을 벗어난 해탈의 즐거움도 있습니다. 감각적 기쁨과 초월적 기쁨이 함께하는 곳이 극락세계입니다. 지극한 즐거움(極樂)을 맛본 사람이 감각적인 기쁨(樂)에 만족할 수 있을까요? 감로수처럼 맑은 물을 마셔본 사람은 더 이상 낮은 등급의 물을 마시고 싶지 않겠죠. 그래서 명상이나 기도를 통해 솟구치는 기쁨과 무한한 감동의 출렁임을 느껴볼 필요가 있습니다. 그동안 느꼈던 세속적 기쁨의 한계성이 곧바로

작지만
확실히
행복한 삶

드러날 것입니다.

힌두교의 복음서인 『바가바드 기타』에도 버리고 비우는 것에 대한 가르침이 있습니다. "네 할 일은 오직 행동에만 있지, 결코 그 결과에 있지 않다. 행동의 결과를 네 동기가 되게 하지 마라. 그러나 또 행동을 아니함도 집착하지 마라."

결과에 집착하지 않는다는 것은 이미 욕망의 불길이 잠잠해진 것입니다. 마음에 욕심이 없기 때문에 결과에 초연할 수 있습니다. 욕심이 가득한 마음에서는 결과에 대해 기대하는 마음이 크기 때문에 걱정하고 불안해합니다. 반면에 어떤 결과가 오든지 다 받아들이겠다는 마음에서는 걱정과 불안이 들어올 틈이 없습니다.

『바가바드 기타』 전체 결말에 해당하는 18장에서는 내버림에 의한 해탈을 이야기합니다. 결과를 바라는 마음인 욕망을 버리고 행동할 것을 강력히 권합니다.

"성자들은 애욕으로 인해 일어나는 모든 행위를 그치는 것을 포기라 알았고, 모든 행위의 열매를 내버리는 것을 내버림이라 했느니라."

"언짢은 일이라 해서 싫어하지도 않고 좋은 일이라 해서 집착하지도 않는 사람, 그 사람이 선한 성품으로 가득 차 있는 내버림의 사람이니, 그는 어질고 모든 의심이 사라진 사람이니라."

힌두교에서는 내버림을 통해 해탈을 얻은 자유인을 아트만(참나)이라고 합니다. 선불교에서 강조하는 '내가 곧 부처다'와 비슷한 경지입니다. 개념의 차이는 있으나 내 안에서 발견한 궁극적 깨달음의 경지라는 의미에서는 동일합니다. 인도의 철학자 라다크리슈난은 다음과 같이 말했습니다.

"인간의 참 행복은 외적 물건을 소유하는 데서 오는 것이 아니다. 그보다 높은 혼과 마음의 고상한 것을 충족시켜, 가장 깊은 속에 있는 내적인 것을 발전시켜가는 데 있다. 고통스럽고 억압당하는 것 같지만 결국에는 우리를 즐거움과 자유에 이르게 한다. 우리는 지식과 덕행의 행복에서 영원한 평안과 환희에 이를 수 있다. 즉 영적 환희이다. 그때 우리는 지극히 높은 자아와 만물과 하나가 된다."

작지만
확실히
행복한 삶

어떻게
살아갈 것인가

'인생을 어떻게 살아가야 할까요?', '어떤 가치를 중심에 두어야 하며 어느 곳을 향해 나아가야 할까요?' 진로를 고민하는 사람이라면 할 수 있는 질문입니다. '어떻게 살아갈지' 확신을 갖고 있다가도 며칠 후에 전혀 갈피를 못 잡거나 헷갈릴 수도 있습니다. 그렇다고 너무 조바심 낼 필요는 없습니다. 또다시 찾아가면 되니까요. 책갈피를 잃어버렸어도 되돌려 읽다 보면 책의 맥락과 흐름을 다시 찾아낼 수 있으니까요.

애당초 정답은 없습니다. 지금 나에게 맞는 최선의 답을 찾을 뿐입니다. 설령 최상의 답을 찾았어도 실천하지 않으면 말짱 도루묵입니다. 크고 작은 게 중요한 게 아니라 지금 나의 현실에서 나에게 맞는 옵션을 선택하면 됩니다. 예전에 답이라고 느꼈던 것이 지금 와서 보니 아닐 수도 있습니다. 그렇다고 예전의 생각이 틀린 걸까요? 아닙니다. 상황이 변했고 현재 내 생각이 조금 달라졌을 뿐입니다. 내 생각대로 가면 됩니다. 틀릴 수도 있지만 그럼에도 불구하고 자신을 믿고 따라가보는 거예요. 남에 의해서가 아니라 순전히 자기가 생각한 길을 말입니다. 그렇게 한 걸음씩 걸어간다는 것이 소중하고 값진 일입니다. 실패해도 괜찮고 방황해도 괜찮습니다. 내 선택을 존중하고 성실히 수행하며 결과를 받아들이겠다는 마음으로 살아가면 됩니다.

레오 버스카글리아는 『살며, 사랑하며, 배우며』에서 말했습니다. "희망을 갖는 건 실망이라는 위험을 감수하는 일이다. 시도를 하는 건 실패라는 위험을 감수하는 일이다. 하지만 모험은 반드시 해야 한다. 일생일대 가장 큰 모험이 바로 아무런 모험도 하지 않는 것이니까. 모험을 하지 않는 사람은 아무것도 하지 않은 사람이고, 가진 게 아무것도 없는 사람이고, 무의미한 사람이다. 모험을 하는 사람만이 진정 자유로울 수 있다."

모험을 하지 않는 게 가장 큰 모험이라고 합니다. 위험을 감수하며 도전하지 않으면 내 삶은 판에 박힌 틀에 갇혀 있을 수밖에 없어요. 모험을 하기 위해서는 내 안에 확실한 근거가 있어야 합니다. 그것은 자기 안에 있는 순수한 욕구입니다. 내가 진짜 원하는 그 무엇이에요. 그걸 알기 위해서는 자신에게 솔직해야 합니다. 주변 눈치 봐가면서 적당히 타협하고 살아가다 보면 내가 뭘 원하고 바라왔는지 까먹게 됩니다.

세상의 틀에 맞춰 살아가느라고 내 욕구와 본래 마음을 무시하면 안 돼요. 내 마음의 본바탕과 내 꿈이 뭐라고 얘기하는지 계속 들어봐야 해요. 그래야 내가 원하는 것을 하면서 살 수 있습니다. 내가 뭘

작지만
확실히
행복한 삶

원하는지 모르는데 모험을 할 수 있을까요? 자기 확신과 자기에 대한 존중은 나에 대한 작은 관심에서 나옵니다. 적어도 나에게만큼은 진실한 마음으로 대해주세요. 남이 알아주지 않더라도 내가 이해하면 그만입니다. 나에게는 내가 주는 관심과 사랑이 제일 필요해요. 그렇게 내가 나를 진실로 사랑하고 아껴줬을 때 나를 대하듯 다른 사람을 진심으로 대하고 사랑해줄 수 있습니다.

동양의 성현들은 세상이 정한 틀에서 벗어나 모험을 하듯 즐기며 살아갔습니다. 그들은 삶의 목적을 어디에 두었을까요? 옛 성현들의 생각과 삶의 궤적을 알면 내 삶의 방향을 설정하는 데 도움이 됩니다.

먼저 장자를 만나보겠습니다. 사마천이 쓴 『사기』에는 장자의 인생관이 드러난 대목이 있습니다. 초나라 왕이 장자가 현명하고 지혜가 있다는 소문을 들었습니다. 그를 재상으로 초빙하기 위해 왕은 사신을 보냈습니다. 사신은 장자를 만나서 많은 재물을 건네며 재상으로 초빙하려는 초나라 왕의 뜻을 전했습니다. 장자는 그 제안을 거절하며 이렇게 말합니다.

"많은 돈도 중요하고 재상의 자리는 참으로 존귀하오. 그런데 당신은 제사에 쓰이는 희생의 소를 못 봤소? 제사를 지내기 전에는 맛있는 음식을 먹이고 수를 놓은 비단 옷을 입히지만, 결국 하늘에 바칠 제물로 끌려갈 때는 '외로운 돼지로 평범하게 살걸' 하면서 후회하지만 이미 그때는 늦은 때요. 어서 돌아가시오. 더 이상 내 마음을 흔들지 마시오. 난 비록 궁핍한 환경에 있지만 내 마음대로 자유롭게 인생을 살고 싶소. 어떤 권력자에게 종속되어 내 삶의 자유를 저당 잡히고 싶지 않소. 그저 어디에도 묶이지 않고 자유롭게 살다 가고 싶소."

장자는 자신의 영혼을 존중하며 자유롭게 살다 간 인물이었습니다. 훌륭한 능력이 있었지만 권력에 종속당하지 않았습니다. 그는 자발적으로 선택했습니다. 그는 능력이 없어서 은둔생활을 한 게 아니었습니다. 자유의지로 그 길을 선택했습니다. 사신과의 대화 속에 등장한 외로운 돼지, 고돈孤豚은 자신을 비유한 말입니다. 남들이 보기엔 외롭고 하찮은 돼지 한 마리일 수도 있습니다. 그러나 자유로운 정신을 가진 그는 누구에게도 종속되지 않고 자기답게 살아가는 존재입니다. 그래서 그의 삶은 아름답고 찬란합니다. 재물과 명예를 위해 자신의 영혼을 팔지 않은 위대한 정신의 소유자인 것이죠.

조선의 성리학자 퇴계 이황은 『대학大學』과 『중용中庸』에 나오는 '신독愼獨'을 평생토록 신조로 삼았다고 합니다. 신독이란 '혼자 있어도 도리에 어긋남이 없도록 스스로를 삼간다'는 뜻인데요. 유학에서 말하는 개인 수양의 최고 단계입니다. 이와 관련해서 『중용』에서는 "숨겨져 있는 것보다 더 잘 보이는 것은 없고, 아주 작은 것보다 더 잘 드러나는 것은 없다"고 합니다. 남이 보든 안 보든 괘념치 않고 인격을 도야하는 사람에게는 삶이 수행이고 수행이 곧 삶입니다. 삶 전체를 자기 수양으로 삼아 누가 보든 안 보든 자기만의 수행을 이어나갑니다. 모든 곳이 수행 공간이고 만나는 모든 사람이 수행을 도와주는 벗입니다. 이렇게 작은 것이라도 소홀히 하지 않고, 보는 사람들

작지만
확실히
행복한 삶

이 없어도 함부로 하지 않는 사람은 참된 수행자이며 자기 인생을 진정으로 사랑하는 사람입니다.

어떻게 살아야 할지를 묻는 사람과 그렇지 않은 사람의 삶은 많이 다를 겁니다. 하루 정도는 괜찮을 거예요. 하지만 그 하루가 모여 한 달이 되고 1년이 가고 10년이 지나면 자신의 삶 자체가 됩니다. 처음엔 내가 습관을 만들지만 나중엔 습관이 나를 만든다는 말을 기억하며 하루의 시작과 끝에 보다 의미 있는 시간을 가져봐요. 아침에 일어나자마자 이렇게 생각해봅시다. '난 오늘 하루를 어떻게 보낼 것인가'라며 오늘 하루를 헛되지 보내지 않겠다는 마음을 갖는 거예요. 그리고 잠자리에 들기 전에 하루를 되돌아보며 스스로에게 묻습니다. '오늘 하루를 어떻게 보냈는가?' 스스로 만족할 수 있는 하루를 보냈다면 매우 기쁠 것이고 더 격려해주세요. 뭔가 부족한 점이 느껴진다면 반성하고 고치려고 해야 합니다. 이와 같은 방법으로 하루하루의 삶을 보다 알뜰하게 살아가세요.

4

철학적
사유로
나와 세상을
밝힙니다

어릴 적 〈드래곤볼〉이라는 TV 만화를 재밌게 봤던 적이 있습니다. 손오공을 비롯한 등장인물들이 여의주(드래곤볼)를 갖기 위해 연합하여 각축전을 벌이는 이야기인데요. 전 세계에 퍼져 있는 일곱 개의 구슬을 모으면 신용神龍이 나타나 세 가지 소원을 들어줍니다. 죽었던 사람까지도 살리고 파괴된 행성도 원상 복구할 수 있어요. 흥미로운 점은 만화의 핵심 주제인 여의주는 동양의 북두칠성에 대한 신앙이 담겨 있다는 것입니다. 작가가 동양의 전통에서 모티브를 따와서 의미 부여를 한 것이죠.

하늘에 떠 있는 북두칠성을 칠성신七星神이라고 합니다. 칠월 칠석(한국·중국에서는 음력 7월 7일, 일본에서는 양력 7월 7일)이 되면 견우성과 직녀성이 이어지는 오작교가 생겨요. 하늘에 펼쳐진 아름드리 은하수가 바로 그것입니다. 지금도 절에 가면 칠성각에서 칠성신을 모시고 기도를 합니다. 제가 머물고 있는 봉은사에서도 칠성신을 모신 북극보전이 영험하기로 소문이 나서 기도하러 오시는 분들이 참 많은데요. 소싯적 봤던 만화가 우리의 삶과 연관이 있다니 참 신기했습니다.

'7'이라는 숫자가 우리 일상에서도 많이 쓰이는 것 같아요. 서양에서는 7이 행운을 의미한다고 해서 럭키 세븐Lucky Seven이라고 하는데요. 우리가 쓰고 있는 일주일에도 7의 개념이 들어 있습니다. 바빌로니아 시대 이후로 서양에서 쓰는 기준이 넘어와 동양에서도 사용하고 있는 것이죠. 일요일과 월요일은 해와 달을 상징하고 화-수-목-금-토요일은 하늘에 떠 있는 화성 수성 목성 금성 토성을 상징합니다. 신기한 것은 여기에 동양 철학의 기본 바탕이 되는 음양오행의 이치와 만난다는 거예요.

일요일(日)과 월요일(月)은 각각 양(+)과 음(-)을 의미하고요. 화요일(火)은 불, 수요일(水)은 물, 목요일은 나무(木), 금요일은 돌과 금속(金), 토요일은 흙(土)을 의미하므로 오행五行이 됩니다. 현대 과학에서 108개의 원소를 물질을 이루는 기본 요소로 여기듯이 고대 그리스에서는 세상의 모든 만물은 바람·불·물·흙 등 네 개의 원소로 구성되어 있다고 봤고, 동양에서는 고대로부터 음양을 중심으로 한 우주관으로 세상을 보다가 중국 전국시대 이후부터는 오행이 더해졌습니다.

엄마 태중의 아이가 세상 밖으로 나올 때 탯줄을 끊게 되면 당시의 천지의 기운이 안으로 들어오는데요. 이때 음양오행의 어떤 기운을 많이 받느냐에 따라 천성과 기질에 많은 영향을 준다고 합니다. 인간이 태어나면서 하늘에 떠 있는 해와 달 그리고 수성, 금성, 화성, 목성, 토성 등 음양오행의 기운을 많이 받는다는 것이죠.

동양에서는 인간을 대우주와 대응된 축소체로서 소우주라고 봅니다. 한의학에서도 오장육부와 14개의 경락이 음양오행의 이치에 따라 구성되고 작동한다고 보았어요. 우리의 생명을 유지하는 기운氣運과 368개의 경혈經穴, 14개의 경락經絡이, 인도에서는 프라나prāṇa, 7개의 차크라Chakra 7만 2,000개의 나디nadi와 대응됩니다. 특히 차크라는 생명에너지가 모이는 센터로서 우리 몸의 중앙을 가로지르는 라인에 있습니다. 차크라는 한의학에서 말하는 혈자리로도 대응이 가능한데요. 모든 음기陰氣가 모인다고 하여 이름 붙여진 회음會陰은 1번 차크라(항문과 생식기 사이에 위치)와 같습니다. 하늘의 100가지 기운氣運이 모인 백회百會라는 혈자리는 7번 차크라(정수리에 위치)로 대응됩니다. 회음과 백회는 각각 달(음)과 해(양)를 상징합니다. 그리고 2번부터 6번 차크라까지는 목화토금수木火土金水 오행으로 그 성질을 비교해볼 수 있습니다. 우리나라와 인도가 기운을 보는 관점이 조금 다를 순 있지만 많은 부분 일치함을 알 수 있습니다.

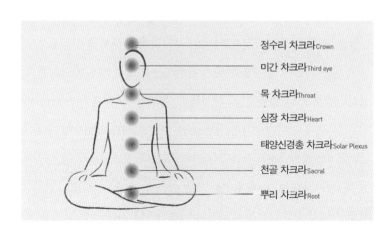

정수리 차크라Crown
미간 차크라Third eye
목 차크라Throat
심장 차크라Heart
태양신경총 차크라Solar Plexus
천골 차크라Sacral
뿌리 차크라Root

철학적 사유로
나와 세상을
밝힙니다

전 세계에 흩어져 있는 7개의 드래곤볼을 모은다는 작가의 설정을 현실에 비추어봤을 때 어떨지 상상해봤어요. 드래곤볼을 찾아서 소원을 이룬다는 것을 '내 안에 있는 7개의 차크라를 찾는 삶의 여정이라고 할 수 있지 않을까?' 하고요. 신용이 나타나 소원을 들어주듯이 차크라를 모두 발견하면 특별한 일이 벌어지지 않을까 하는 생각을 해봤던 것이죠.

실제로 인도의 요가사상에서는 1번 차크라(회음 또는 성센터)에 쿤달리니(성에너지)가 뱀이 똬리를 틀듯이 응축되어 있다고 합니다. 수련을 통해 7개의 차크라가 모두 열리면 뱀으로 상징되는 쿤달리니 에너지가 자유롭게 되어 용이 승천하듯 척추를 타고 올라가 7번 차크라인 백회를 통해 하늘로 승천한다는 것입니다. 하늘로 승천한 에너지는 영적인 에너지를 머금고 다시 백회를 통해 들어와 내 아랫배 2번 차크라 단전丹田에 안착합니다. 그곳에 모인 충만한 에너지는 온몸 구석구석을 돌며 기혈氣血의 순환을 돕습니다. 하늘로 승천한 용이 여의주를 물고 들어오는 것이죠.

일본 애니메이션 〈나루토〉에서도 차크라에 대해서 중점적으로 다루고 있는데요. 고급 기술을 쓰기 위해서는 최대한 많은 차크라를 활성화시킴으로써 스스로를 각성해야 한다는 거예요. 드래곤볼에서 기를 모아서 에네르기파 장풍掌風을 쏘는 이치와도 비슷합니다.

누군가에게서 아우라Aura가 느껴진다거나 포스Force가 있다거나 할 때에도 상대방의 에너지에 대한 반응을 표현한 거예요. 일상에서도 기분이나 분위기가 좋다거나 나쁘다거나 하는 표현을 쓰죠. 동양에서 이야기하는 기氣를 서양에서는 에너지라고 쓰는 것뿐입니다. 과거에 자연철학자들은 보이지 않는 에테르Ether가 이 우주 공간을 꽉 채우고 있다고 보기도 했습니다. 그래서 누구도 흉내 낼 수 없는 분위기와 기운을 가진 사람을 일명 '에테르를 풍기는 사람'이라고 부르는 것이죠.

어떤 하나의 사상과 관점이 시대를 관통하고 동서양을 넘나들 수 있다는 것은 참 흥미롭고 의미 있는 일인 것 같아요. 고대에는 철학 안에 과학과 의학 등 삶의 중요한 내용이 모두 담겨 있었다고 하니까요. 현대에 와서 더 세분화되고 전문화되었다지만, 여러 가지 학문을 하나로 통합하고 통섭할 수 있는 사고방식을 가질 필요가 있습니다. 내가 어떤 관점과 프레임으로 세상을 보느냐에 따라서 내 사유와 판단은 달라집니다. 그 과정이 곧 철학이며 보다 합리적이고 보편타당한 통찰을 이끌어내는 데 중요한 역할을 합니다.

철학적 사유로
나와 세상을
밝힙니다

배움의
진정한 의미

우리는 세상의 온갖 것들을 보고 듣고 느끼면서 자랐어요. 책이나 강의를 통해서 훌륭한 가르침을 접하기도 했지요. 이 세상에 적응하며 도태되지 않고 잘 살아가기 위해서 무언가 열심히 배웠을 거예요. 남들보다 나은 경쟁력을 갖추기 위해 애쓰는 과정에서 전문성도 길러졌을 것입니다. 그런데 과연 우리가 지금까지 제대로 배우고 익혀왔을까요? 과거의 성현들과 철학자들이 했던 사유의 흔적을 통해 배움의 진정한 의미가 무엇인지 다시 생각해봐야겠습니다.

성리학의 창시자 주자는 "오늘 배우지 않았으면 내일이 있다 말하지 말고, 올해 배우지 않았으면 내년이 있다고 이르지 마라"라며 학문에 힘쓸 것을 권했습니다. 아울러 『근사록近思錄』에서 "사람이 비록 배움에만 힘쓸 수 없다 할지라도 마음은 배움의 뜻을 잊지 말아야 한다. 만약 마음이 배움의 뜻을 잊으면 종신토록 학문을 한다 할지라도 이는 단지 속된 일일 뿐이다"라고 했습니다. 평생토록 열심히 학문을 익혀야 하며 거기에 담기는 마음과 뜻이 중요하다고 역설했습니다.

있는
그대로
나답게

과연 우리는 배움에 대해 어떤 마음가짐을 가져야 하는 것일까요?

동양에서 공부라고 하면 가장 먼저 떠오르는 인물이 공자입니다. 그는 『논어』의 첫 장에서 "배우고 때때로 익히니 또한 즐겁지 아니한가?"라고 말합니다. 배우는 것은 그 자체로 의미가 있습니다. 즐거운 일이죠. 하지만 지금까지 우리는 배움의 목적을 경쟁에서 살아남기 위한 생존의 도구 정도로 여기진 않았는지 반성해봐야 합니다. 스펙을 쌓고 입시와 취업을 위해 공부하는 것이 무의미하다는 말이 아닙니다. 이 세상을 살아가기 위해서는 영어도 익혀야 하고 업무에 쓰이는 실용학문을 배워야 하겠죠. 그런데 너무 치우쳐 있지 않은지 돌이켜보자는 것입니다. 먹고 살기 위한 가치에 함몰되어 내 삶의 본래적 가치를 등한시하고 있는 건 아닌지 생각해보면 좋겠습니다.

공자는 자신의 삶을 통해 배움에 대한 성취를 설명했습니다. 『논어』의 「위정爲政」 편에서 "나는 열다섯 살에 배움에 뜻을 두었고, 서른 살에는 자립하였으며, 마흔 살에는 미혹되지 않게 되었으며, 쉰 살에는 천명에 대해서 알게 되었고, 예순 살에는 귀로 듣는 대로 모든 것을 순조롭게 이해하게 되었으며, 일흔 살에는 마음이 하고자 하는 대로 따라도 법도에 어긋나지 않게 되었다"라고 했습니다.

이러한 가르침에 영향을 받은 율곡 이이는 20세에 평생 삶의 지표로 삼고자 『자경문』을 썼습니다. 그 첫 구절은 "먼저 그 뜻을 크게 가져야 한다. 성인을 본보기로 삼아서 털끝만큼이라도 성인에 미치지 못하면 나의 일은 끝마친 것이 아니다"였습니다. 공자가 열다섯에 학문에 뜻을 두고[志學] 서른 살에는 뜻을 세웠듯이[而立] 이이는 스무 살에 공자와 같은 성인을 롤모델로 삼고 배움의 뜻을 세웠습니다. 열여섯 살에 어머니 신사임당을 잃고 오랜 방황과 좌절의 시간 후에 얻은 결론이었습니다.

옛 성현들에 비할 바가 아니지만, 저는 스무 살의 나이에 방황의 소용돌이에 휩싸였으며 삶의 진정한 의미를 찾고자 출가를 했습니다. 저에게 배움은 번뇌의 소멸을 통한 평온이었고 새로운 가치관의 확립이었습니다. 그래서 비움이라는 방법으로 배움에 접근했습니다. 경전과 수행을 통해 전날에 배웠던 것과 익숙한 것에 집착하지 않고 새로운 나를 찾고자 했습니다. 명상을 통한 비움은 곧 배움을 위한 마음자세였으며 독서와 사색을 통한 배움은 나를 알아가고 채워가는 시간이었습니다. 동양의 다양한 경전을 배우고 익힘은 수행을 더욱 독려했습니다. 비움과 채움, 명상과 배움은 '있는 그대로'를 받아들이는 힘을 길러주었고 사유하는 능력을 계발시켜주었습니다. 아무리 훌륭한 가르침이라도 그냥 머릿속에 집어넣는다고 나의 것이 되는 것은 아닙니다. 여러 번 곱씹으면서 떠올리고 사유하는 과정에서 내 것이 되고 누군가가 전해준 지식은 나의 지혜가 되어 쓸모가 생깁니다.

그러기 위해서는 먼저 글을 읽거나 말씀을 들을 때 마음 깊이 새겨야 합니다. 그냥 보고 듣는 것만으로는 사유를 한다고 할 수 없습니다. 사유를 통해 경전을 깊이 통찰하고 진정한 의미를 찾아야 합니다. 불가에서는 신해행증信解行證을 수행과 공부의 과정으로 삼았습니다. 신信은 믿음, 해解는 이해, 행行은 수행, 증證은 증득입니다. 둘로 줄이면 신해信解와 행증行證이며 믿음을 통한 이해, 수행을 통한 깨달음의 증득이라는 의미가 됩니다. 그래서 올바른 지혜로 진리를 증득하여 깨친다는 의미로 증오證悟를 근본으로 삼았습니다. 다른 말로 크게 깨친다는 의미로 대오大悟라고도 합니다. 증오는 실제로 자기 안의 본성을 바로 깨쳐서 큰 깨달음을 성취해 체득한 것을 말합니다. 하지만 궁극적 깨달음인 증오는 바로 이룰 수 있는 것이 아닙니다. 그 전에 선행되어야 하는 것이 해오解悟입니다. 해오는 이해함으로써 깨친다는 의미인데요. 해오는 아직까지 번뇌 망상과 사량 분별이 그대로 있습니다. 하지만 이해를 통해서 진리에 대한 믿음이 생기고 그것으로 인해 수행 정진할 수 있는 힘이 생깁니다. 아무리 눈과 서리가 많이 온다 해도 해가 떠오르면 다 녹아 없어지게 되죠. 이처럼 모든 번뇌가 사라지는 해탈의 경지인 확철대오廓徹大悟는 언제 올지 모릅니다. 빼앗긴 들에도 봄이 온다는 믿음으로 때를 준비하는 사람만이 따뜻한 봄 햇살을 맞을 수 있을 것입니다. 해가 나를 비켜가지 않도록 이치를 이해하는 과정도 반드시 선행되어야 합니다.

『법구경』에는 다음과 같은 구절이 나옵니다.

"단지 도덕적 행위에 의해, 많은 학문을 배움으로써, 정신 통일의 수양을 함으로써, 또한 홀로 명상을 한다고 해서 평범한 세상 사람들이 알 수 없는 정신적 기쁨(해탈)을 체험할 수는 없다."

"많이 가르친다고 해서 그것만으로 교리를 터득했다고 할 수 없다. 아주 적은 교리를 들었다 하더라도 자신에게서 그 교리를 발견하고

철학적 사유로
나와 세상을
밝힙니다

실천하는 사람만이 진리를 터득한 사람이다."

많은 것을 알고 실천했다고 해서 그것이 진정한 앎이고 기쁨이 아닙니다. 작은 것이라도 진정성을 갖고 내 안에서 발견한 진실을 하나둘 실천했을 때 참된 행복을 맛볼 수 있습니다.

사유한다는 것은 무조건적으로 받아들인다는 의미가 아닙니다. 책의 깊은 뜻은 잘 알지 못하면서 다만 읽기만 잘하는 것을 도능독徒能讀이라고 하는데요. 도능독은 배움의 가장 큰 적입니다. 옛부터 우리 선조들은 "그저 책만 많이 읽는 것을 가장 경계해야 하는 독서"라고 했습니다.

다산 정약용은 『시경강의서』에서 "책을 읽는 것은 뜻을 구하기 위해서다. 만약 뜻을 얻지 못한다면 날마다 천 권을 독파한다 해도 담벼락을 마주하고 있는 것과 진배없다"라고 할 정도였으니까요. 철학은 소가 여물을 먹고 되새김질을 하듯이 계속해서 의심과 믿음을 오가며 생각하고 생각하는 과정에서 생깁니다. 성현의 가르침을 참고하여 나름의 방식으로 생각하고 자기만의 생각하는 법을 갖춰간다면 나는 철학자와 다름없습니다.

철학을 넘어
수행으로

근대 철학의 아버지로 불리는 데카르트는 "사유란 의심하고 이해하며, 긍정하고 부정하며, 의욕하거나 하지 않으며, 상상하고 감각하는 것"이라고 정의했습니다. 기존의 개념과 가르침을 일방적으로 수용하는 것은 철학이 아닙니다. 생각의 주체로서 나의 가치관에 입각해 어떠한 주제에 능동적으로 탐구하는 자세여야 합니다. 불가에서 화두를 참구하며 깨달음을 얻는 과정은 철학의 사유 과정과 유사한 면이 많습니다. 고봉 선사는 『선요』에서 화두를 공부하는 사람은 대신심大信心, 대분심大憤心, 대의심大疑心 등 세 가지 요소를 갖춰야 한다고 강조했습니다.

"만약 진실로 참선하고자 한다면 반드시 세 가지 중요한 요소를 갖추어야 한다. 첫째, 크게 믿는 마음이 있어야 하니, 이 일은 수미산을 의지한 것과 같이 흔들림이 없어야 함을 알아야 한다. 둘째, 크게 분한 생각이 있어야 하니, 마치 부모를 죽인 원수를 만났을 때 그 원수를 당장 한칼에 두 동강을 내려는 것과 같다. 셋째, 커다란 의심이 있어야 되니, 마치 어두운 곳에서 비밀스러운 한 가지 중요한 일을 하고 곧 드러내고자 하나 드러나지 않은 때의 심경 같은 것이다. 온종일 이 세 가지 요소를 갖출 수 있다면 반드시 하루가 다하기 전에 공을 이루는 것이 독 속에 있는 자라가 달아날까 두려워하지 않는 것과 같겠지만, 만일 이 가운데 하나라도 빠지면 마치 다리 부러진 솥이 마침내 못 쓰는 그릇이 되는 것과 같다."

불교에서는 바르게 사유하는 것을 정사유正思惟라고 하며 올바른 사고방식 또는 올바른 마음가짐으로서 중요시합니다. 즉, 항상 참된 지혜로서 바르게 사유하고 나의 존재와 행위에 대하여 늘 궁리하는 것입니다. 그뿐 아니라 수행의 측면에서도 사유를 강조합니다. 고요히 마음을 집중하는 참선 수행을 다른 말로 사유수思惟修라고 하기 때문이죠. 일념으로 집중해 사유하며 마음을 닦으면 진정한 수행이 되는 이치입니다. 이처럼 배움에는 늘 실천이 뒤따라야 합니다.

혼자 있으면서 배웠던 것을 깊이 생각해보고 실천으로 옮겼을 때 온전히 내 것이 됩니다. 그런 과정에서 나 자신과 세상을 바라보는 눈이 생기는 것이죠. 사유하는 힘이 길러집니다. 이것이 철학哲學이에요. 문자적으로는 밝음과 슬기로움을 의미합니다. 밝음은 정신이 깨어 있는 상태입니다. 멍을 때리거나 몽롱한 상태가 아니에요. 이렇게 깨어 있는 정신으로 바라보면 본질을 볼 수 있는데요. 옛 성현들의 훌륭한 가르침은 우리에게 밝은 빛을 밝혀줍니다. 그래서 좋은 말씀은 늘 곁에 두고 읽고 생각하며 실천하면 좋겠지요.

학문에 뜻을 두고 나답게 살기 위한 철학을 하기로 했다면 꾸준히 정진해야 합니다. 그래서 이이는 『격몽요결』에서 "사람이 비록 학문에 뜻을 두었다고 해도 용맹스럽게 앞으로 나아가서 무언가를 이루지 못하면, 옛날의 습관이 그 뜻을 막아 흐려버리고 만다"라고 했습니다.

불가에서도 용맹정진勇猛精進과 불방일不放逸을 강조했어요. 용맹정진은 공양 시간을 뺀 모든 시간을 수면 없이 좌선에 임하는 정진인데요. 늘 용맹정진할 수는 없겠지만 때때로 그러한 시간을 갖거나 그 정신으로 가열하게 수행해야 한다는 의미입니다. 불방일은 방일하지 말라는 뜻이에요. 방일은 제멋대로의 계율이나 바른 질서를 지키지 않고 방종한 것을 의미합니다. 불방일은 붓다의 설법에도 많이 등장하는 단어인데 부처님께서 이 세상을 떠나시는 마지막 순간에도 유훈으로 남기고 갈 정도로 중요하게 여겼습니다

동서양을 막론하고 자신의 주인으로 살기 위해서는 생각해야 하고 자기 것으로 만들어야 한다고 했습니다. 공자는 『논어』「위정」편에서 "배우고 생각하지 않으면 어둡고, 생각만 하고 배우지 않으면 위태롭다"라고 했습니다.

고대 그리스 철학자 소크라테스는 "알지 못하는 것을 탐구해야만 한다고 생각할 때 우리는 더 나아지고 더 남자다워지며 덜 게을러질 거라는 사실, 바로 이것을 위해 난 기필코, 내가 할 수 있다면 말뿐 아니라 행동으로도 싸우려는 것이다"라고 했습니다.

그런데 노자는 여기에서 한 발자국 더 나아갑니다. "학문을 끊으면 근심이 사라진다", "지식을 밖에서 구하여 달리면 달릴수록 지식

은 위태로워진다"라고 했습니다. 단지 배우는 것만이 능사가 아니라는 말입니다. 일반적인 앎[知]이 아니라 도道를 통해 아는 것이 명明으로서 진정한 앎이라고 했습니다. 지식이 필요하지만 그것의 한계를 깨닫고 참된 인식으로 나아가라는 말입니다. 여기서 장자는 한술 더 뜨는데요. 『장자』「천도」 편에서 역사 속 성인의 말씀을 읽던 왕에게 죽은 성인들이 남긴 이야기는 조백(술 찌꺼기)에 불과하다며 일침을 가할 정도였어요.

퇴계 이황은 배우는 사람의 마음자세를 가르쳐주었습니다. "자기의 의견을 버리고 다른 사람의 의견을 따를 줄 모르는 것은 학자의 큰 병이다"라며 자신이 갖고 있는 이념을 부정하고 다른 것을 받아들일 수 있어야 한다고 했습니다. 제대로 배워서 아는 사람은 자신의 것에 대한 확신이 있으면서도 타인의 것을 존중하며 따를 수 있을 것입니다. 반면에 어설프게 아는 사람은 모르는 것만 못합니다. 다른 사람의 의견을 배척하기 때문입니다. 따라서 배움의 길에 들어선 사람은 배우고 익힌 것을 자기만의 것으로 재해석할 수 있어야 하며, 그것마저 내려놓을 수 있어야 합니다. 깨어 있는 정신으로 깊게 사유해 자기만의 진리와 깨달음으로 익혀야 하며 배우고 채우는 과정을 거듭해야 합니다.

결국 배움이 무르익고 삶이 즐거움으로 확대되기 위해서는 수행 과정이 필요합니다. 불교에서는 문사수聞思修라는 세 가지 지혜를 구분해서 설명합니다. 지식을 받아들이는 것이 문聞이라면 깊이 생각해서 정리하는 것은 사思입니다. 그리고 그것을 다시 확실히 내 마음에 새기는 것을 수修라 합니다. 이 세 단계를 거쳐서 비로소 지식은 확실한 나의 것이 되는 것입니다. 보고 듣는 배움이 사유 과정을 통해 내 생각이 되고, 삶의 현장에서 수행하면서 실험을 해야만이 온전한 지혜가 될 수 있다는 가르침입니다. 어디서 보고 들은 지식이 내 것이 되려면 깊이 숙고하여 본래의 마음자리에 새겨야 합니다. 그래야만이 도장을 찍은 듯이 영원히 남습니다. 따라서 수행이란 우리의 마음에 깨달음과 앎의 도장을 찍는 일입니다. 반면에 수행하지 않는 사람이 갖고 있는 지식은 혼란을 가중시켜 삶을 그릇된 길로 이끌 뿐입니다.

방황에서 찾은
삶의 의미

대학생 시절의 공허함과 방황은 오히려 저를 성숙케 했습니다. 저나름대로의 답을 찾을 수 있는 기회의 시간이었기 때문이죠. 혼란스럽고 정리되지 않은 삶이었지만 자유로운 마음이었습니다. 자유는 자기만의 이유를 가진 상태라고 하는데요. 다른 누군가의 이유로서 규정하는 것이 아니라 나 자신의 이유로 나를 규정한다는 것입니다. 이념과 기준을 따라가는 것이 아니라 나의 이념으로 기준을 만드는 삶입니다. 자유로운 마음은 비록 작은 시작에 지나지 않았지만 그 이후로 지켰던 그 마음이 지금의 저를 있게 한 것 같습니다.

우리는 누구나 자유를 추구하지만 많은 부분 포기하고 삽니다. 그렇다면 우리가 획득할 수 있는 자유의 영역은 얼마나 될까요? 그것은 누가 정해주는 것이 아닙니다. 오직 나만이 정할 수 있고 선택할 수 있습니다.

자유의 전형으로서 모범이 될 만한 사람으로 노자가 있습니다. 그는 일정한 틀에 얽매이지 않고 자신의 방식대로 삶을 살았지요. 그는

있는
그대로
나답게

중국 춘추시대에 활동한 대표적인 철학자이며 도가道家의 창시자로 알려져 있습니다. 노자의 『도덕경』을 보면 무위자연無爲自然의 삶을 추구하는 그의 사상을 알 수 있는데요. 억지로 하는 것 없이 자연스럽게 살아가는 것은 참으로 즐겁고 행복한 일인 것 같습니다. 법과 질서 등 사회의 인위적인 것에 얽매이지 않는 삶 말이죠. 하지만 이렇게 걸림 없이 사는 자연스러운 삶이 그냥 막사는 삶을 말하는 것은 아니겠죠. 우리들 내면에 있는 도道와 덕德을 따라 살아야 합니다. 내 안에 살아서 움직이는 진실의 소리와 울림에 따라 살다 보면 있는 그대로의 내 모습을 회복할 수 있을 것입니다.

노자는 『도덕경』 37장에서 다음과 같이 말했습니다.

"도는 항상 무위하지만 이루어지지 않음이 없다. 통치자가 만일 그 이치를 지킬 수 있다면 만물은 저절로 교화될 것이다. 교화하려 하거나 의욕이 일어나면 나는 아직 이름이 붙지 않은 순박함으로 그것을 억누를 것이다. 이름이 붙지 않은 순박함이란 의욕이 없는 것이다. 의욕을 없애면 고요하니, 천하는 저절로 안정될 것이다."

노자는 보편적 이념의 틀을 거부했습니다. 세상이 바라는 바람직한 것보다는 자신이 바라는 일을 하라고 역설했습니다. 밖에서 요구하는 '해야 하는 일'보다는 '하고 싶은 일'을 하라고 종용했습니다. 남들이 '좋아 보이는 일'보다는 내가 '좋아하는 일'을 할 것을 권했고, 자발성을 강조했습니다. 이것은 함이 없이 함을 이루는 무위의 삶이에요. 어떻게 하지 않고 했다고 할 수 있을까요? 무엇을 하지 않아야 진정으로 했다고 할 수 있는 걸까요?

무위란 어떤 이념이나 기준을 근거로 해 행하지 않는 것입니다. 세상의 통념과 기준에 휘둘리지 않는 것이며 오히려 그것을 밟고 선다는 뜻입니다. 당위의 굴레에서 벗어나는 것이며 세상의 기준과 목적성에 제어를 받지 않는 상태입니다. 당당히 주인공이 되는 길입니다. '보편적 이념'에 지배 받지 않으면서 '자발적 생명력'에 의지해 움직이는 상태입니다. 그것이 본래적이고 원천적이며 자연스러운 모습이에요. 그렇다고 아무 생각 없이 바보같이 행동하는 것이 아닙니다. 무위無爲의 마음 자세로는 이 세상을 '있는 그대로' 볼 수 있습니다. 반대로 유위有爲의 마음 자세로는 자신 앞에 펼쳐진 세계를 '봐야 하는 대로' 봅니다. 특정한 기준이나 신념과 가치관에 지배당하는 행위이기 때문입니다.

왜 기존의 이념과 가치를 기준으로 삼지 말아야 한다고 했을까요? 참된 이치는 시대에 따라 변하기 때문입니다. 예전에 만들어진 기준이 더 이상 지금 이 시대에 나를 위한 기준이 될 수 없기 때문입니다. 예컨대 뉴턴이 발견한 고전물리학이 그 당시에는 진리였습니다. 하지만 아인슈타인이 상대성이론을 발견한 후로 진리는 변했습니다. 현대물리학의 시대가 열리게 된 것이죠.

무위의 태도를 지녀야 변화하는 내용을 받아들일 수 있습니다. 유위의 태도로는 고정관념에서 벗어날 수 없습니다. 기존의 것을 그대로 따라 하면 조금 편하기야 하겠죠. 주변에서도 이상하게 볼 이유가 없을 거예요. 하지만 급변하는 이 시대에 적응할 수 있을까요? 안정적인 직장과 고정된 가치가 사라져가는 오늘날 과연 나는 생존할 수 있을까요? 변화의 속도가 느린 과거에도 변화의 이치는 있었습니다. 변화하는 세상의 흐름에 민첩하게 적응해야만이 살아남을 수 있었어요. 지금 변화하는 속도를 보세요. 디지털 문명의 진화와 확산으로 걷잡을 수 없는 속도로 세상은 변하고 있습니다. 생존과 경쟁력이라는 측면에서 보더라도 무위의 가치는 정말 필요합니다. 무위의 정신으로 무장하고 자기 방식대로 하면 안 되는 일이 없습니다. 고정된 틀을 깰 수 있는 용기가 필요합니다.

고대 그리스 철학자 헤라클레이토스는 "같은 강물에 두 번 들어갈 수 없다"라고 역설했습니다. 이 세상에서 변하지 않는 유일한 것은 '모든 것이 끊임없이 변하고 있다는 사실'이라고 하죠. 변화한다는 것은 희망이 있다는 말과 같습니다. 지금 우리의 삶이 이렇게 계속 힘들고 개선의 여지가 없다면 어떨까요. 얼마나 더 고생해야 할지 이 고통은 언제 끝날지 모르는 것만큼 큰 슬픔과 공포도 없을 것입니다. 변한다는 것은 앞으로 더 나아질 수 있다는 의미이고 우리에게도 희망이 있다는 것입니다.

그런데 모든 것이 변하기만 한다면 우리가 외롭고 힘들 때에는 무엇에 의지해야 할까요? 이 세상은 자꾸 변하고 우리 사람들의 마음이 시시각각 계속 변해도 변치 않는 그 무엇이 있으면 좋지 않을까요? 우리의 한 생애가 빈손으로 왔다가 빈손으로 가는 것이라 하지만 무의미하고 허무한 삶은 아닐 것입니다. 그 안에 담긴 의미와 가치가 분명히 있을 거예요. 모든 것이 변하는 가운데 변치 않는 불변의 가치가 있습니다. 누군가는 그것을 '담연히 생사를 따르지 않는 한 물건'이라고 했습니다. 그 한 물건이란 무엇일까요?

조선시대의 선승 서산 대사는 『선가귀감』에서 "여기에 한 물건이 있으니, 본래부터 가없이 밝고 신령하여, 일찍이 나지도 않고 죽지도 않으며, 이름 지을 수 없고, 모양 그릴 수 없다"고 했습니다. 또한 "모름지기 마음을 비우고 스스로 비춰보아, 한 생각이 인연 따라 일어나는 것이 없는 줄 믿어야 하느니라"고 설했습니다. 그 '한 물건'에 대해서 마음을 비우고 스스로 비춰보아야 볼 수 있다고 했습니다. 아울러 그것은 인연 따라 일어나는 것이 아니라고 했습니다. 그것은 인연을 초월한 다른 영역의 그 무엇이기 때문에 늘 변화하는 이 세상 속에서도 불변하는 그 무엇일 수 있는 것입니다. 내가 의지할 수 있는 어떤 대상이 될 수 있는 것이죠. 자기 안의 등불과 법을 귀의처로 삼으라고 한 붓다의 마지막 가르침과 일맥상통합니다.

노자는 그 당시 "기준이나 목적의식을 덜어내고 약화시키면 무위의 지경에 이른다"고 했습니다. 만일 그가 이 시대에 다시 나타난다면 우리에게 어떤 얘기를 해줄 수 있을까요? 끊임없이 질문하라고 할 것 같습니다. 지금 자신이 참이라고 믿는 그 진리와 가치가 정말 맞는 것인지 의심하라고 할 것 같습니다. 그 답이 바로 찾아지지 않아도 좋으니 계속해서 자기 자신에게 묻고 답하고 묻고 답하라고 할 것 같습니다. 질문의 답이 바로 나타나지 않더라도 세상과 타협만은 하지 말라고 얘기해줄 것 같아요.

내가 지금 궁금해하는 존재를 흔드는 그 질문, 산책을 하다가 불현듯 좋은 생각이 날 수도 있고, 책을 보다 불쑥 답이 보일 때도 있습니다. 친구와 나눈 대화에서 힌트를 얻을 수도 있습니다. 이렇게 질문하고 묻고 따지고 적극적으로 알아가는 과정에서 우리는 일정한 틀에 얽매이지 않을 수 있습니다. 자기만의 방식으로 살아갈 수 있습니다.

혼돈 속에서 발견한
질서

저의 대학 생활은 방황이자 혼돈이었습니다. 어떻게 살아야 할지 몰랐기 때문이에요. 그래서 출가를 했는데 그 후에도 이 문제는 해결되지 않았죠. 잘은 몰라도 세상이 날 이끄는 대로 따라가고 싶진 않았어요. 내가 이끄는 대로 살고 싶었고 무얼 하더라도 내가 주인으로서 살고 싶었습니다. 죽음의 수용소에서 삶의 의미를 깨달았던 빅터 프랭클은 "한 인간에게서 모든 것을 빼앗아 갈 수는 있지만, 한 가지 자유는 빼앗아 갈 수 없다. 어떤 상황에 놓이더라도 삶에 대한 태도만큼은 자신이 선택할 수 있는 자유다"라고 했습니다. 적어도 내 삶의 가치관, 인생관은 내가 정해야 합니다.

20대 초반부터 지금까지 저는 이 싸움을 계속해오고 있는 것 같습니다. 기존의 가치와 관점을 다 버릴 수도 없고 그렇다고 계속 유지하기는 싫었어요. 동시에 세상의 많은 이념과 가르침에서 무엇을 선택해야 할지 모르겠다는 마음도 있었어요. 그 사이에서 갈팡질팡하며 나만의 가치와 철학으로 살아가야겠다는 생각을 했던 것이죠.

우리는 살아가면서 갖가지 혼돈을 경험합니다. 그럴 때 어떤 관점에서 보느냐에 따라 혼돈이 기회가 될 수도 있고 좌절이 될 수도 있는데요. 이 상황을 긍정적으로 볼 것인지 부정적으로 볼 것인지는 순전히 저마다의 선택입니다. 철학자 쇼펜하우어는 "인간의 행복과 불행은 무엇으로 자신의 마음을 가득 채우느냐에 달려 있다. 행복은 주어진 환경 그 자체보다는 세상을 인식하는 개인의 기질에 좌우된다"라고 했습니다. 내가 어떤 프레임으로 바라보느냐에 따라 삶의 질이 판이하게 달라지는 법입니다.

영국의 극작가 윌리엄 셰익스피어와 청년 청소부의 이야기입니다. 일하던 빗자루를 내던진 청년에게 셰익스피어는 그 이유를 물어봤습니다.

"선생님은 많은 사람에게서 존경을 받고 있는데 저는 고작 선생님의 발자국이나 닦고 있으니, 제 자신이 너무 한심해서 그럽니다."

그는 청년의 어깨를 감싸 안으며 말했어요.

"그렇지 않네. 자네와 나는 같은 일을 하고 있다네. 나는 펜으로 신께서 지으신 우주의 한 부분을 표현하고 있고, 자네는 그 우주의 한 부분을 아름답게 청소하고 있지 않는가."

청소하는 사람이 청소하는 지금 이 공간만을 생각한다면 그저 하찮은 일이라고 여길 수도 있습니다. 하지만 프레임을 더 확장해서 우주까지 넓힌다면 자신이 하는 일은 그저 작은 일이 아닌 게 됩니다. '나는 지금 지구의 한 모퉁이를 청소하고 있다'고 생각하며 청소하는 환경미화원은 긍정의 프레임으로 자신을 바라보고 있습니다. 그 과정에서 소명의식도 생기고 삶의 행복을 만들어가는 것이죠. 비슷한 상황에서 불행을 느끼는 사람도 프레임을 바꾸면 전혀 다른 삶이 펼쳐집니다. 그래서 소설가 헤르만 헤세는 "행복은 '무엇'이 아니라 '어떻게'의 문제다. 행복은 대상이 아니라 재능이다"라고 말한 것입니다. 어떻게 세상을 바라보느냐에 따라 삶의 행복이 결정되고요. 좋은 프레임을 가지는 것은 행복할 수 있는 능력이에요.

제가 길거리에서 가가호호 방문하며 탁발을 할 때 회의감이 들었습니다. '요즘 스님들은 탁발하러 다니지 않는데, 나는 왜 이러고 다녀야 하지?' 사람들이 가짜 중 아니냐고 그럴 때도 있었는데요. 그렇게 의심받는다는 것도 괴롭고 힘들었습니다. '이런 빌어먹을'이라는 생각도 들었지요. 실제로 사람들의 복을 빌어주며 빌어먹고 있었던 것이니 틀린 말은 아니죠. 그때마다 나의 스승 붓다를 떠올렸습니다. 그분은 평생 탁발을 하면서 살아왔고 그것이 수행자의 본분이라고 했어요. 지금도 남방불교에서는 스님들이 탁발을 하며 살아가고 있다죠. 세상 사람들이 비난하는 잣대로 나를 볼 때는 이상한 사람이었지만 수행자의 잣대로 봤을 때는 전혀 문제가 되지 않았어요. 내가 어떤 잣대로 나를 보느냐에 따라 내가 느끼는 행복감은 크게 달라진다는 것을 알 수 있습니다.

나는 어떤 프레임을 갖고 살아가고 있나요? 내가 현재 상황을 어떤 프레임으로 보느냐에 따라 상황은 완전히 달라집니다. 희망과 절망은 종이 한 장 차이인 거예요. 그래서 니체는 『즐거운 지식』에서 마음에 빛을 품어야 희망의 빛 또한 알아볼 수 있다고 했습니다. "여기에 희망이 있다고 해도 자신 안의 빛과 작열함을 경험하지 못했다면 그것이 희망이라는 것을 깨닫지 못한다. 희망의 그 어떤 것도, 볼 수도 들을 수도 없다"라고 말이죠.

긍정적인 프레임으로 보면 그것의 본질이 보입니다. 그것을 바탕으로 이해하려고 하면 힘든 상황이 오히려 나에게 좋게 변합니다. 단적인 예로 이성 친구와 헤어졌을 때 시련의 아픔을 느끼며 슬프고 고독하기 쉽습니다. 이 상황을 그저 비관하기보다는 긍정적인 측면을 생각하면 다른 게 보입니다. 더 좋은 사람을 만날 수 있는 좋은 기회가 될 수 있습니다. 우리에게는 언제나 더 좋은 인연이 기다리고 있습니다. 지금의 인연과 상황만이 최선일 수는 없어요. 내가 바람직한 가치관으로 나답게 살아가고 있다면 현재의 인연도 더 좋아지고 앞으로의 인연도 아주 괜찮을 것입니다.

노자도 혼돈에 대해 다음과 같이 설명했습니다.

"하늘과 땅이 열리기 전 혼돈에서 태어난 그 무엇이 있었다. 침묵과 공허 안에서 그것은 그것만으로 충만하여 변하지 않았고 두루 돌기는 하지만 닳아 없어지는 법이 없었다. 그것에서 모든 것이 말미암았으니 그것은 세상의 어머니, 그 이름 내 알 수 없으나 도道라 부르겠노라. 대도大道라 또 다른 이름으로 불러도 좋으리라. 도는 거대하므로 나를 벗어난다 할 수 있고 나를 벗어난다니, 그것은 내게서 멀리 떨어져 자리한다. 또한 멀리 있으니, 그것은 결국 내게 되돌아오리라. (중략) 사람은 땅을 본받으며 땅은 하늘을 본받으며 하늘은 도를 본받는다. 그러나 도는 스스로 그러함(自然)을 본받는다."

  과연 노자가 갖고 있었던 삶의 프레임은 무엇이었을까요? 어떤 프레임이기에 혼돈 속에서 올바른 길을 찾아갈 수 있었던 것일까요? 노자에게 '무위자연의 도'와 관련된 어떤 프레임이 있었을 것입니다. 나답게 살기 위해서는 자기만의 어떤 프레임이 필요합니다. 그것에는 좋고 나쁨이 없습니다. 남이 볼 때 작고 하찮을 수도 있습니다. 하지만 내가 세상을 보는 눈, 그것은 진실이고 내가 세상을 주인으로 살아가는 이유가 됩니다.

있는
그대로
나답게

작은 것을
소중하게 여기는 마음

몇 해 전 영화 〈역린〉을 감명 깊게 봤습니다. 조선의 왕 정조의 즉위 초기에 생긴 권력 다툼을 다룬 작품인데요. 아직까지 가슴에 깊은 여운으로 남아 있습니다. 이 영화에서 다룬 『중용中庸』의 메시지 때문인 것 같아요. 정조는 『중용』 23장을 늘 마음에 새기며 그러한 마음가짐으로 사는 것 같았거든요. 그 내용은 다음과 같습니다.

"작은 일도 무시하지 않고 최선을 다해야 한다. 작은 일에도 최선을 다하면 정성스럽게 된다. 정성스럽게 되면 겉에 배어 나오고, 겉에 배어 나오면 겉으로 드러나고, 겉으로 드러나면 이내 밝아지고, 밝아지면 남을 감동시키고, 남을 감동시키면 이내 변하게 되고, 변하면 생육된다. 그러니 오직 세상에서 지극히 정성을 다하는 사람만이 나와 세상을 변하게 할 수 있는 것이다."

행복한 삶을 위해서는 작은 것을 소홀히 하지 않아야 합니다. 티끌이 모여 태산을 이루듯 나의 작은 마음들이 모이고 행동 하나하나가 쌓여 지금의 나를 만듭니다. 이 세상의 모든 성취와 인간관계도 작은 것을 소중히 하는 태도에서 비롯됩니다. 그래서 디테일에 강한 사람이 경쟁력이 있다는 말이 나오는 것이겠죠.

　신입사원 시절 복사하는 잡무를 최선을 다해 잘한 직원이 상사에게 인정받아 승승장구를 했다는 얘기를 들은 적이 있어요. 작은 것 하나지만 그것으로 그 사람의 삶의 태도를 엿볼 수 있고 실력을 인정받은 것이겠지요. 우리가 감동받는 것은 큰 선물보다는 내 마음을 이해해주는 말 한마디, 내가 정말로 필요한 것을 선물 받을 때입니다. 나에게 지속적으로 관심을 갖고 주의 깊게 관찰하지 않고서는 내가 무엇을 필요로 하는지 모르기 때문이에요. 말 한마디, 작은 선물 하나가 내 마음의 깊은 심연을 울리고 좋은 감정을 남기는 법입니다.

　자기 자신과 가족, 가까운 친구에게 소홀한 사람이 과연 세상을 위해 좋은 일을 할 수 있을까요? 나와 가까운 존재에 대해 귀하게 여기지 않는 사람은 더 넓고 큰 세상과 인류를 진실로 위해줄 수 없습니다. 자칫 선을 위장한 욕망의 성취일지도 모를 일이죠. 왜냐하면 삶을 움직이는 에너지는 안에서 밖으로, 나에게서 세상으로 흐르기 때문입니다. 나 자신을 위하는 마음 없이 드러나는 것과 남의 시선과 평가에 급급하다면 진실한 나의 마음은 하늘을 감동시키지 못합니다. 지극한 정성만이 세상과 하늘을 감동시키는 법이니까요.

　내 안에 진정성을 찾는 것이 중요합니다. 나의 마음은 어떤지 무엇을 원하는지 들여다봐야 해요. 그렇지 않고 밖에서 요구하는 것들의 소리만 들으면 삶은 불행해지고 인위적이고 가식적인 삶을 살 수밖에 없어요. 모든 것들의 시작은 작은 것에서부터입니다. 벽돌 하나로부터 건물이 완성되는 것처럼요.

『중용』 23장에서도 작은 일을 무시하지 않고 최선을 다하라고 합니다. 작은 것에 대한 정성이 나와 세상을 바꾼다고 했습니다. 사소한 것 같지만 그게 가장 중요합니다. 기본에 충실하라고 누누이 강조하는 것도 같은 이유에서겠지요.

이와 같은 맥락은 『대학』에서도 찾아볼 수 있습니다. "수신제가치국평천하修身齊家治國平天下"라는 말을 들어본 적 있을 텐데요. 대학에서 중요하게 여기는 8조목의 한 대목입니다. 유학에서는 몸을 닦는다는 자기 수양을 기본으로 삼고 가장 중요하게 여기지요. 사람의 기본 자질이 되어야 가정과 세상을 위해 잘 쓰일 수 있다는 뜻이에요. 그런데 그 전에 있어야 하는 것이 격물格物과 치지致知, 성의誠意와 정심正心입니다. 수신修身을 하기 전에 거쳐야 할 과정입니다.

격물치지格物致知는 사물이 연구된 후에 지혜가 이루어진다는 것이고, 지혜가 이루어진 후에 뜻이 정성스럽게 되며 뜻이 정성스럽게 되어야 마음이 바르게 된다는 것이 '성의정심誠意正心'입니다. 비로소 마음이 바르게 된 후에 몸을 닦을 수 있고, 몸을 닦은 후에 집안을 바르게 다스릴 수 있습니다. 그러한 사람이 나라를 다스리고 천하를 화평케 할 수 있지요. 『중용』 23장의 "오직 세상에서 지극히 정성을 다하는 사람만이 나와 세상을 변하게 할 수 있는 것이다"라는 마지막 문구와 의미가 일맥상통합니다.

철학적 사유로
나와 세상을
밝힙니다

내 마음의 진정성이
도덕적인 삶입니다

『중용』과『대학』은 세상을 살아가는 데 사람이 지녀야 할 태도와 마음가짐을 가르쳐주고 있습니다. 그래서 일찍이 율곡 이이는『격몽요결』의 독서장讀書章에서『소학』→『대학』→『논어』→『맹자』→『중용』그리고『시경』→『예기』→『서경』→『역경』→『춘추』순으로 읽기를 권했습니다. 사자소학으로 알려진『소학小學』으로 입문한 후에 사서四書를 먼저 읽고 오경五經을 그다음에 읽으라는 말이지요. 오경의 하나인『예기』는 49편에 달하는 방대한 책인데요. 31편이『중용』이고 42편이『대학』입니다. 주자의 성리학 체계가 성립되면서『예기』에서「중용」편과「대학」편을 따로 빼어 사서를 정립한 것이라고 해요.

그렇다면 중용에서 말하는 삶의 만족과 행복은 무엇일까요? 어떤 마음가짐이 필요한 걸까요? 도둑의 마음으로 살면 도둑이 되고, 하늘의 마음으로 살면 하늘과 같은 사람이 되겠지요.『중용』에서는 그 마음을 성性이라고 했습니다. 하늘은 눈에 보이는 하늘이 아니라 우리 마음의 본바탕입니다. 우리의 근본인 하늘을 생각하고 품는 마음이 천성天性이자 본성本性입니다. 그리고 이 본성에서 나오는 길이 바로 도道예요. 도를 닦는다는 것은 마음의 본성을 찾아가는 것이겠죠. 마음을 들여다보면 볼수록 본성으로 통하는 길이 조금씩 느껴질 것입니다. 관심을 갖고 마음의 길을 수리하고 정돈하는 것이 수도修道이며 수신修身입니다. 이것이 『중용』에서 말하는 교육이에요.

그래서 참된 교육은 내 마음의 고향으로 가게 해주는 것입니다. 내가 온 본바탕의 하늘로 가는 길을 닦는 것이죠. 그런데 마음은 보이지도 않고 잘 느껴지지도 않기 때문에 마음의 보따리인 심보를 활용하면 좋습니다. 통상적으로 '심보가 고약하다'라고 할 때 쓰지요. 심보에는 우리가 느끼는 감정이 있어요. 감정은 무한한 하늘에서 왔으며 고갈되지 않고 샘물처럼 무한히 솟아납니다. 화가 날 때도 있고 좋아하는 마음이 날 때도 있잖아요. 마르지 않는 샘물처럼 자꾸 생기는 감정을 들여다보는 것이 수행이자 공부입니다.

그런데 우리의 마음이 늘 한결같지 않습니다. 사람은 누구나 도덕적 본성만 있는 것이 아니라 인간적인 욕심이 뒤섞여 있기 때문이지요. 지혜가 있고 인품이 훌륭한 사람도 '인간적 욕심'이 있고, 어리석고 인격에 결함이 있는 사람도 '도덕적 본성'이 있습니다. 그래서 내 마음과 처지가 어떻든 간에 이 두 가지 마음을 잘 살펴야 합니다. 그래야 행복할 수 있습니다. 단지 도덕적으로 반듯한 사람이 되자는 말이 아닙니다. 우리의 마음이 본성에 뿌리를 두고 있기 때문에 그로부터 생명력을 공급받아야 한다는 거예요. 우리 생존에 대한 문제입니다. 누구나 잘 먹고 잘 자야 생명을 존속할 수 있습니다. 이것의 결픕은 바로 몸의 반응으로 나타납니다. 주린 배가 간절한 기도로 식신을 강림케 할 거고요. 잠이 밀려와서 천하장사도 들기 힘들다는 눈꺼풀이 내려옵니다.

반면에 마음의 생명력은 잘 드러나지 않습니다. 마음이 살아 있기 위해서는 본성이 바라는 도덕적 실천이 필요합니다. 도덕은 단지 바람직하고 반듯한 삶이 아닙니다. 도와 덕이라는 글자의 의미를 살펴봐야 합니다. 도는 앞서 말씀드린 본성의 길이며 덕은 그러한 본성을 실현하는 삶의 태도입니다. 자신 안에서 진정으로 바라는 그 마음이 도이고 진정성으로 살아가는 모습이 덕입니다.

공자는 『논어』에서 "군자가 행해야 할 도덕에는 세 가지가 있거늘 나는 그 가운데 한 가지도 제대로 하는 것이 없다. 어진 사람은 근심하지 아니하고, 지혜로운 사람은 미혹되지 아니하며, 용감한 사람은 두려워하지 않는다"라고 했습니다. 군자는 '어짊'뿐 아니라 '앎'과 '용기'를 반드시 갖추고 행해야 할 도덕의 범주에 포함시켰습니다.

맹자가 보는 도덕은 4단四端과 4덕四德이었습니다. 인간이 원래부터 선한 마음을 가진다는 성선설性善說을 바탕으로 사단사덕이라는 본성을 얘기했는데요. 사단은 선을 싹틔우는 네 개의 단서와 실마리라는 의미입니다. 어려움에 처한 사람을 애처롭게 여기는 측은지심惻隱之心, 의롭지 않고 착하지 않음을 부끄러워하고 미워하는 수오지심羞惡之心, 겸손하여 남에게 사양할 줄 아는 사양지심辭讓之心, 옳고 그름을 판단할 줄 아는 시비지심是非之心을 본성이라고 한 것이죠. 그리고 사단은 인仁·의義·예禮·지智라는 사덕의 근거가 됩니다. 『맹자』의 제

있는
그대로
나답게

4편 '이루장구離婁章句'에는 "남의 어려움을 보고 측은하게 여기는 마음은 인仁의 기초가 되고, 다른 사람의 잘못된 행위를 보고 부끄러워하거나 미워하는 마음은 의義의 기초가 되며, 타인에게 양보하고 사양하는 마음은 예禮의 기초가 되고, 옳고 그른 것을 가리는 마음은 지智의 기초가 된다"고 했습니다.

따라서 우리의 마음에 섞여 있는 본성과 욕심을 정밀하게 살펴야 하며 본성이 항상 자신의 주체가 되어야 합니다. 욕심을 버리고 하늘의 본성을 체득하고 드러내는 길을 통해 곧 중용의 도를 실천할 수 있습니다. 본성의 삶은 내 마음을 편안하게 하고 주변도 평안케 합니다. 우리가 지금 하고 있는 일과 공부 그리고 생각과 행동은 중요합니다. 작더라도 하찮은 것이 아니며 소중합니다. 모든 것은 저마다의 의미와 가치를 지닙니다. 지금 자신의 모습이 도덕적으로나 실력적으로 부족하다고 느껴질지라도 그것을 알고 인정함을 통해 우리는 더 나아질 수 있습니다. 현실을 직시하되 긍정적인 마음과 희망으로 중용의 삶을 실천해보는 것 어떨까요?

철학적 사유로
나와 세상을
밝힙니다

5

운명의
주인으로
살아가요

이 세상의 가장 소중한 인연은 나 자신과의 만남입니다. 세상에 태어났고 나는 나와 운명적으로 만났습니다. 지금의 나는 세상에서 가장 소중한 존재이며 과거와 미래의 나는 현재의 내가 걸어왔던 흔적이자 앞으로 걸어갈 궤적일 뿐입니다. 지금 바로 여기에 내가 존재하고 있다는 것이 유일한 진실이겠죠. 그리고 잠깐 지나가는 시간 동안 조금 전의 현재는 이미 과거가 되었습니다. 지금의 나는 이미 예전의 내가 되었고 앞으로의 내가 지금의 내가 될 것입니다.

타고르는 "내가 존재한다는 사실이야말로 확실하고 영원한 생명의 경탄"이라 했다지요. 몽테뉴는 "세상에서 가장 중요한 것은 어쩌면 내가 진정 나다워질 수 있는가를 아는 일"이라고 했습니다. '과거-현재-미래'라는 흐름 속에서 지금 살아 숨 쉬는 존재로서의 나를 발견하고 나답게 사는 것만큼 중요한 일도 없을 것입니다.

흐르는 시간 속에 나라는 존재는 고정된 무언가로 정의할 수 없습니다. 자꾸 변하기 때문이죠. 불교에서는 고정되어 있지 않고 변하는 세상의 이치를 무상無常이라고 하고 자아는 실체가 없다고 하여 무아無我라고 합니다. 고대 그리스의 철학자 헤라클레이토스는 변화와 흐름의 이치를 깨닫고 "같은 강물에 두 번 들어갈 수 없다"라고 말했습니다. 끊임없이 새 물이 들어오기 때문이죠. 변하지 않는 진리가 있다면 그것은 '모든 것은 변한다'는 것이에요.

우리의 몸도 같은 것 같지만 늘 변화하고 있습니다. 매 순간 우리 몸이 죽고 태어나기를 반복하고 있어요. 이 세상과 에너지와 정보를 교환하고 있기 때문이죠. 우리 몸 안에서도 숨을 마시고 내쉬는 과정과 음식물을 먹고 소화하며 배설하는 신진대사의 과정에서 불필요한 것들은 사라지고 새로운 에너지가 생겨납니다. 몸의 건강을 해치는 것들, 사라져야 할 것들이 사라지지 않고 체내에 쌓여 있으면 병이 생기게 되겠죠. 우리의 몸도 살아 있으면서 계속해서 활동하는 흐름이 있습니다. 고인 물은 썩는다는 말처럼 흐름이 막히면 죽습니다. 어이없고 황당할 때 '기가 막힌다'라고 표현하는데, 사실 기氣가 막히면 죽습니다. 그러니 기가 막힐 정도로 쇼킹한 상황을 과장해서 쓰는 표현이겠죠.

우리 몸은 자동적으로 매우 신속하게 새로워집니다. 그래서 우리가 먹는 음식과 들이마시는 숨도 중요합니다. 숨을 마실 때마다 약 2리터의 공기가 들어오는데 무게는 약 1.2그램이고 그 안에 약 2×10^{22}(=200×1억×1조)개의 공기 분자를 마시고 그것들은 폐, 심장, 간, 뼈, 뇌세포 등으로 바뀝니다. 역으로 숨을 내쉴 때마다 우리 몸의 세포와 조직과 기관들이 작은 조각들을 내놓고 자연의 대기와 교환합니다. 우리들이 섭취하는 음식의 분자와 영양소도 우리 몸의 세포를 구성하고 계속해서 교체되는 것이죠. 방사성 동위원소로 우리 몸의 세포를 파악해보니 1년 안에 98퍼센트의 원자들이 교체된다고 합니다. 위장과 내장의 세포들은 수일 만에 새로워지고 피부는 한 달이면 바뀝니다. 기존의 피부 세포가 안 죽고 계속 늙어가고 새로운 세포가 재생되지 않으면 어떻게 될까요? 우리의 얼굴과 온몸의 피부는 검게 타들어가고 보기 흉한 모습이 될 것입니다. 죽어야 할 세포는 죽어야 합니다. 그래야 새로운 세포가 태어나서 나를 새롭게 할 수 있습니다. 이 이치를 거스르는 것이 암세포입니다. 사라져야 할 때 사라지지 않고 살아 있으면서 계속 증식하면 나의 생명은 위태로워지고 치명적인 위험에 빠지게 됩니다.

자연의 순리와 흐름대로 살아가야 건강할 수 있습니다. 우리 몸에서 가장 단단하기로 두 번째라면 서운할 뼈의 경우는 어떨까요? 뼈세포는 서너 달 만에 새로워집니다. 뼈세포가 합쳐져서 만들어진 뼈조직도 7년이면 모두 새것으로 탈바꿈이 되지요. 우리 몸은 성인 기준으로 약 60조 개의 세포로 구성되어 있는데, 오늘 하루에도 약 432억 개의 세포가 만들어지고 사라집니다. 1초에 약 50만 개의 세포가 생生과 멸滅을 반복하고 있는 것이죠. 지금 내 몸은 몇 달, 몇 년 전의 몸이 아닙니다. 끊임없이 태어나고 사라지기 때문이죠. 탄생과 죽음은 삶의 아름다운 이치입니다.

내가 하루 종일 바뀌고 있을 때 세상도 변합니다. 지구도 끊임없이 자전과 공전을 하면서 낮과 밤을 만들고 계절의 변화를 일으킵니다. 이 세상에 고정되어 변하지 않는 존재는 없습니다. 문제는 내 생각이 고정되어 있다는 거예요. 그런데 우리는 종종 이 사실을 잊고 살지요. 모든 것이 고정되어 있다고 착각하곤 합니다. 고정관념에 사로잡혀 있는 경우가 많아요. 그래서는 빠르게 변화하는 이 세상에 적응하고 나 자신을 다스리기가 쉽지 않습니다. 지금처럼 항상 젊을 것 같고, 부귀와 명예가 영원할 줄로 압니다. 영원할 줄 알았던 사랑도 지나고 보면 한낮 꿈으로 흘러갑니다. 그래서 지금 이 순간이 중요한 것입니다. 앞으로 돌아오지 않을 가장 소중한 지금을 감사하고 누리면 되는 것이죠.

제가 좋아하는 주문 중 하나가 '이 또한 지나가리라'입니다. 지금 아무리 좋아도 이때뿐이고, 아무리 힘들어도 잠시 지나가는 바람이라는 거예요. 삶의 희로애락喜怒哀樂이라는 감정에 너무 빠지거나 집착하지 말고 지금에 감사하며 살자는 의미로 말입니다. 원래 이 문구는 유대교의 경전 『미드라시Midrash』에 수록된 일화로 알려져 있습니다.

어느 날 이스라엘의 다윗 왕이 세공사를 불러 자신을 위한 반지를 만들어달라고 했습니다. "내가 전쟁에서 크게 이겨 기쁠 때도 감정을 조절케 하고, 내가 깊은 절망에 빠져 있을 때 좌절하지 않고 용기와 희망을 얻을 수 있는 글귀를 새겨 넣으라" 하고 요청했습니다. 세공사는 빈 공간에 새길 적당한 글귀를 찾지 못해 전전긍긍하다가 현명하다고 알려진 솔로몬 왕자에게 도움을 청하게 되었죠. 솔로몬은 '이 또한 곧 지나가리라'라는 글귀를 새기라고 조언해주며, "승리감에 도취해 자만할 때나 패배해서 낙심했을 때 이 글귀를 보면 마음이 가라앉을 것입니다"라고 말했습니다. 이후에 시인 랜터 윌슨 스미스가 「이것 또한 지나가리라This, too, shall pass away」라는 제목의 시로 다시 세상에 내놓았습니다.

"슬픔이 그대의 삶으로 밀려와 마음을 흔들고, 소중한 것들을 쓸어가 버릴 때면, 그대 가슴에 대고 말하라, 이것 또한 지나가리라." (중략) "행운이 그대에게 미소 짓고 하루하루가 기쁨과 환희로 가득한 근심 없는 날들이 다가올 때면, 세속적인 것들에 의존하지 않도록 이 진실을 조용히 가슴에 새기라, 이것 또한 지나가리라."

작가 파울로 코엘료는 『마크툽』에서 나치 치하 독일에서 체포된 두 랍비에 대한 얘기를 실었습니다. 두려움에 떨고 있는 랍비는 "당신은 두렵지 않소? 어떤 일이 우리를 기다리고 있는지 모른단 말이요?"라고 했더니 맘 편한 랍비는 "붙잡히기 전까지는 두려웠소. 하지만 이렇게 붙잡힌 이상, 이미 일어난 일을 두려워해봐야 무슨 소용이 있겠소. 두려움의 시간은 지나갔고, 이제 희망을 가지면 되는 거요"라고 말했습니다.

예수는 『성경』의 마태복음 6장 34절에서 "그러므로 내일 일을 위하여 염려하지 말라. 내일 일은 내일이 염려할 것이요, 한 날의 괴로움은 그날로 족하니라"라며 과한 걱정을 슬기롭게 흘려보내는 마음가짐을 말해주고 있습니다. 그리고 붓다는 "승리는 원한을 낳고, 패자는 괴로워하면서 쓰러져 있다. 승패를 떠나 고요한 삶을 사람은 행복해한다"고 설했습니다. 아무리 지금 힘들고 고될지라도 그 힘듦을 견디고 밝은 내일로 바꿀 수 있는 힘은 지금 이 순간에 있습니다. 소중한 지금 이 순간을 느끼는 내 존재에 대한 탐구는 반드시 필요하며 그것은 나의 삶을 보다 더 가치 있고 행복하게 만듭니다.

운명의
주인으로
살아가요

과연 운명은
있는 걸까요?

어느 날 문득 이런 생각이 들었습니다. '나는 잘 살아가고 있는 것일까?', '어디에서 왔고 어디로 가고 있으며 어디로 갈 것이냐?' 나의 삶을 돌이켜보던 중 앞으로의 삶이 더 궁금해졌습니다. '그동안 나는 잘 살아왔던 것일까?', '앞으로 잘 살아갈 수 있을까?' 삶에는 오르막길이 있으면 반드시 내리막길이 있습니다. 우리의 인생을 단순하게 표현해보면 길흉화복_{吉凶禍福}의 연속입니다. 일이 잘 풀리는 길_吉한 때가 있는가 하면 뭘 해도 안 되는 흉_凶의 시기가 있습니다. 갑작스런 재앙이 들이닥치며 화_禍를 입을 때가 있는가 하면 한없이 행복하고 기쁘고 복_福된 나날이 펼쳐질 수도 있습니다. 이렇게 오르고 내리는 삶의 궤적을 따라가 보니 두 가지의 힘이 있다는 것을 알게 되었습니다. 바로 내 안의 힘과 밖의 힘입니다. 내 의지에 의하거나 의지 밖에서 작용하는 이 두 가지 힘에 대해서 고찰해볼 필요가 있습니다.

이 세상에는 내가 컨트롤할 수 있는 영역이 있고 그럴 수 없는 영역이 있습니다. 누군가와 함께하고 있을 때에는 함께하는 사람의 생각과 행동에 영향을 받고 고려할 수밖에 없습니다. 또한 사회와 세상의 많은 사람들, 조직과 단체, 국가 안에서는 그 영향을 받게 되고요. 계속 확장하다 보면 우주라는 큰 범주가 등장합니다. 큰 틀에서 보면 순전한 나의 힘과 나로선 어쩔 수 없는 우주의 힘으로 구분되겠지요. 우리는 우주와 소통하며 살아가는 존재이므로 우주가 주는 에너지를 나의 힘으로 잘 쓸 수 있다면 살아가는 데 많은 도움을 받을 수 있습니다. 나아가 정해진 운명에 속박당하지 않고 삶의 주인공으로 우뚝 설 수 있을 것입니다.

운명이란 정말 있는 걸까요? 평소에 많이 쓰는 말이긴 하지만 정말 그런 게 있는 건지 궁금해질 때가 많습니다. 우리는 보통 불가항력적인 삶의 흐름과 힘을 지칭할 때 운명이라는 말을 씁니다. 힘들고 고될 때 팔자를 운운하고 한탄하며 운명 타령을 하기도 하죠. 나스스로의 힘으로는 어쩔 도리가 없습니다. 반면에 예상 외로 일이 잘풀리고 횡재가 있을 때는 운이 좋았다는 말을 쓰기도 합니다. 늘 운이 좋으면 좋겠지만 그럴 수 없겠죠. 사는 게 힘들다고 토로하는 사람이 이렇게 많은 세상이잖아요. 내가 어떻게 할 수 없는 그런 외부적인 힘의 존재를 실감할 때, 우리는 크게 기쁘거나 크게 좌절합니다.

내가 원하는 삶을 만들어가기 위해서는 이 운명의 틀을 넘어서야하겠죠. 운명運命은 운동하고 운전한다는 뜻의 운運과 생명과 천성이라는 뜻의 명命이 합쳐진 말입니다. 통상적으로 운이라는 한 글자를 단독으로 쓸 때는 운세가 좋고 나쁨을 의미하는 경우가 많습니다. 명命은 태어날 때 정해지는 핵심 정보이자 앞으로 할 일과 관련 있습니다. 하늘에서 부여받은 명령 또는 운명으로서 천명天命을 의미하고요. 재능을 뜻하는 탤런트talent로 쓰이기도 합니다. 기독교에서 많이 쓰는 달란트talent 또는 소명召命과 비슷한 의미이며 하늘이 인간에게 준 재능이라는 뜻입니다.

또한 불교의 업業, Karma과 그 뜻을 연결시켜 생각해볼 수 있습니다. 업은 일상생활과 행위를 뜻하는 말인데요, 본질적으로는 행위의 바탕에 있으면서 행위를 가능케 하는 핵심 정보를 의미합니다. '현재의 행위는 그 이전의 행위의 결과로 생기는 것이며, 그것은 또한 미래의 행위에 대한 원인으로 작용한다'는 뜻이에요. 그러니까 불교적으로 보면 전생의 업을 갖고 태어나고 살아가면서 짓는 새로운 업이 내 안에 남고 우주에 기록되며 미래를 결정한다는 것입니다. 종합해보자면, 운명은 태어나면서부터 갖고 있는 어떤 천성이 발현되고 끊임없이 운동한다는 의미가 되겠지요. 하지만, 천성 가운데 무엇을 선택하느냐는 순전히 나의 결정에 달려 있습니다. 그래서 지금 이 순간에 나의 생각과 말과 행동이 중요한 것입니다. 새로운 업을 짓고 있고 그것이 미래를 결정하니까요. 태어날 때부터 정해진 운명도 있지만, 내가 만들어가는 운명도 있음을 잊지 말아야 합니다.

서양에서는 운명을 'Destiny'라고 하지요. 'Destiny'는 목적지라는 뜻의 'Destination'과 어원이 같습니다. 'de(뒤)'와 'sta(서다)'가 합쳐져 '미래에 설 곳' 또는 '서야 하는 곳'이라는 의미가 되었습니다. 서양에서는 삶의 목적과 결과에 비중을 두어 미래지향적인 의미로 쓰였습니다. 동양에서 말하는 운명이 명命에 대한 흐름(運)이듯이 서양에서 말하는 Destiny는 훗날에de 서는sta 그곳으로 나아간다는 뜻입니다. 동서양에서 말하는 운명의 의미를 종합해보면 태어날 때 부여받은 어떤 속성을 갖고 어딘가 목적지를 향해 움직이고 있다는 뜻이 됩니다.

나답게 산다는 것은 태어날 때부터 주어진 것이 무엇인지를 알고 자신의 잠재성을 계발하며 성장하는 삶입니다. 나의 노력 여하와 관계없이 이미 정해진 운명 같은 건 없습니다. 다만 삶의 경향과 패턴은 있습니다. 부모에게서 물려받은 유전자로 인해 어떤 병에는 취약할 수도 강할 수도 있습니다. 타고나기를 계산 능력과 사고력이 좋은 사람이 있는가 하면 예술 감각이 발달된 사람도 있고 운동 신경이 뛰어난 사람도 있습니다. 이렇게 서로의 다름을 인정하고 나의 특별함을 찾는 것이 나다운 모습입니다. 정해진 운명이 있다고 믿고 거기에 속박되어 자신의 삶을 방관하거나 요행을 바라서는 안 됩니다. 오히려 남들보다 부족한 부분은 인정하고 내가 가진 재능을 알고 활용하려고 애쓰는 편이 낫습니다.

운명의
주인으로
살아가요

운명의
진정한 의미를 찾아서

　오래전부터 인간은 운명을 궁금해하며 길흉화복을 점치기도 했습니다. 운명학運命學과 점성술占星術을 직접 배우기도 하고 전문가에게 물어보는 경우가 많았지요. 삶의 불확정성이 주는 불안감을 쉽게 가라앉힐 수 없었을 거예요. 나보다 더 잘 알 것 같은 사람에게 나의 지금 모습과 앞으로의 일에 대해 물어보면 마음이 다소 편안해집니다. 그 효능은 보통 3주 정도 지속되다가 사라진다고 하는데요. 아무리 전문가의 통찰이라고 해도 그 의견에 너무 치우치면 문제가 생깁니다. 타인에 대한 의존성이 커지기 때문이에요. 정말 앞날이 궁금하다면 자신이 그 방법을 직접 배워서 스스로 진단해보는 편이 더 낫습니다. 얼마나 정확히 맞추는지는 별로 중요하지 않습니다. 내가 나에 대해서 관심을 갖고 내 힘으로 분석한다는 것이 중요합니다. 내가 남이 아닌 나에게 의존하는 것이기 때문이에요. 나 자신을 믿고 의지함은 모든 일에 자신감을 갖게 해주고 자존감을 향상시켜줍니다.

　운명의 칼자루를 남에게 넘기지 말고 죽이 되든지 밥이 되든지 내가 잡아야 합니다. 일이 잘 안 풀려도 운명을 탓하지 말고 자신의 과오를 인정하고 바꾸려고 애써야 합니다. 그런데 나로서는 할 만큼 했는데 원치 않는 결과가 나오는 경우에는 어떡해야 할까요? 받아들이기 힘들 것입니다. 언제쯤 일이 잘 풀릴지 지금 이 시련과 어둠의 터널이 언제 끝날지 고민이 됩니다. 그 시기를 안다면 조금 더 견딜 수 있을 테니까요. 하지만 아무리 용하다는 사람에게 물어봐도 운명은 알 수 없습니다. 운명은 고정된 것이 아니라 내가 만들어가는 것이니까요. 내가 나를 알아가고 알게 된 만큼 나답게 살아가는 것입니다. 자신에 대해 깨닫고 이해한 만큼 자기만의 방식으로 삶을 운영해나가면 됩니다.

처음에 저는 출가의 길이 운명이라고 생각했습니다. 이 길이 아니면 안 되겠다고 생각했죠. 출가를 함으로써 삶에 묶인 밧줄을 풀고 벗어나 자유롭고 싶었습니다. 그런데 어느 순간 알았습니다. 여기에서도 나는 나답게 살고 있지 않다는 것을요. 권위를 가진 누군가가 시키는 것에 따라야 했고 그것을 삶의 유일한 가치라고 믿고 살았던 것입니다. 내 삶을 내가 선택할 수 없음이 너무 괴롭고 힘들었습니다. '아는 게 힘'이라는 프랜시스 베이컨의 말처럼 많이 알고 있는 사람의 한마디가 가진 힘은 크고 무거웠습니다. 저는 아는 게 별로 없어서 자신감도 없고 생각하고 판단하는 힘도 약했습니다.

그러다 문득 이런 생각이 들었습니다. '나를 바른 길로 인도하는 스승과 선배의 말을 무조건 따라야 할까?', '정말 올바른 길, 내가 가야 할 길로 가고 있는 게 맞는 걸까?' 모든 가치 판단의 기준도 스승이었습니다. 정신적으로 의존하고 있었으니까요. 내가 나를 믿지 못한 채 의지할 수밖에 없었습니다. "스물에 미련해지지 않으려면 부모를 떠나야 하고 마흔에 어리석지 않으려면 스승을 떠나야 한다"는 다석 류영모의 말이 계속해서 생각났습니다. 그러면서 차츰 나 혼자 생각하고 나 스스로에게 의지하는 길을 걷기도 했습니다. 처해 있는 상황이나 형편, 환경에 상관없이 나 자신에게 의존할 때 느껴지는 행복이 있었습니다. 특정 사람과 상황에 나를 일치시키지 않고 내 안에 깊은 나와 일치시킴으로써 행복을 느꼈습니다. 내가 나인 것이 자랑스럽고 스스로 생각하고 판단하고 행동하는 것의 기쁨을 알게 되었습니다. 자기 자신에게 의존함은 기쁨이 지속되는 상태이며 이유가 있어서 느끼는 행복하고는 질적으로 다르다는 걸 알았습니다.

나로 살기로 결정하고부터는 세상에 무서운 것들이 점차 줄어들었습니다. 외부에서 다른 사람이 요구하는 것에 집중하기보다는 내부에서 내가 원하는 것에 귀를 기울이기로 했기 때문이에요. 내가 운명의 주인이 된 것 같고 내 삶을 나 스스로 운전하는 기분이 너무 좋았습니다.

제가 삶을 통해 확인한 바로는 운명을 결정하는 요인에는 세 가지가 있습니다. '해야 하는 것', '잘 하는 것', '좋아하는 것' 이 그것입니다. 그것들이 적절한 조화를 이루어야 합니다. 이것들이 모두 하나로 만나는 교집합을 찾아 집중할 수 있어야 합니다. 즉, 의무와 능력과 욕구에 따라 결정되는 나의 모습입니다. 이 세 가지가 모두 충족되었을 때 우리는 삶을 행복하고 나답게 살아갈 수 있습니다. 불행은 이것들이 모두 충족되지 못했을 때 발생하는 것입니다. 한두 가지 정도만이라도 채워진다면 그럭저럭 살 만할 거예요. 하지만 그것도 말처럼 쉽지 않습니다.

불행하게 사는 사람들은 대체로 '해야 하는 것'의 비중이 크고, 좋아하는 것의 비중이 작습니다. '해야 하는 것'만 많으면 살아가는 것이 의무이고 책임으로 다가옵니다. 삶의 무게에 짓눌려 힘겹게 살아갈 것입니다. 반면에 형편이 좋지 않더라도 좋아하는 무엇인가를 하거나 좋아하는 어떤 사람과 함께한다면 삶의 무게는 더 가벼워질 것입니다. 내가 반드시 해야 할 것이 무엇인지, 내가 잘하는 것이 무엇이며 무얼 좋아하는지 알아가는 것도 삶의 재미입니다. 나에 대해 하나하나를 알아가는 것이며 세상과 조화를 이루며 살아가는 것이니까요. 이 과정에서 우리는 삶의 목적과 방향성을 찾아갑니다. 자신의 가치관이 형성되는 것이죠. 나에 대해 끊임없이 생각하고 점검하다 보면 어디로 어떻게 가야 할지 보이기 시작합니다. 삶을 항해로 비유한다면 우리는 저마다 나침반과 지도를 갖고 지금의 위치를 파악하며 가야 할 곳을 향해 나아가고 있는 것입니다.

운명의
주인으로
살아가요

행운의 주인공이
되기 위해서

　우리의 삶 가운데 좋은 것들이 많아도 선택하지 않으면 내 곁으로 오지 않습니다. 우연한 만남에서 기회를 잡아내는 사람이 있는가 하면, 많은 기회가 왔음에도 망설이다가 그냥 지나치는 경우도 있습니다.

　파울로 코엘료는 『마크툽』에서 "눈앞에 기회가 나타났을 때 지나치게 재지 마라. 그것이 삶의 기술 중 하나다"라는 스승의 말을 전합니다. 나에게 필요한 것은 무엇이며 지금 취할 것인지 말 것인지를 판단할 수 있어야 합니다. 운이 좋은 사람에게 그냥 운이 주어지는 것이 아닙니다. 좋은 것에 대한 안목과 적절한 순간의 판단력을 고루 갖춰야 운을 나의 편으로 만들 수 있습니다. 또한 "선택한 뒤에는 단념한 길은 생각하지 말고 자신이 선택한 길을 가야 한다"고 했습니다. 그 외에 자신의 판단을 믿고 밀어붙일 수 있는 결단과 용기도 있어야 합니다.

　피천득은 「인연」이라는 글에서 "어리석은 사람은 인연을 만나

있는
그대로
나답게

도 몰라보고, 보통 사람은 인연인 줄 알면서도 놓치고, 현명한 사람은 옷깃만 스쳐도 인연을 살려낸다"고 했습니다. 인연은 마냥 기다린다고 해서 나에게 다가오는 것이 아니라 내가 마음을 내고 애를 써야 이루어집니다. 의도를 갖지 않는 한 우주는 아무것도 주지 않기 때문이죠. 내가 무언가를 요청하는 시그널을 보내야 내가 알아볼 수 있는 사인으로 응답해주는 법입니다. 파울로 코엘료의 『연금술사』에는 이런 구절이 있습니다. "자네가 무언가를 간절히 원할 때, 온 우주는 자네의 소망이 실현될 수 있도록 도와준다네."

살아오면서 행운과 담을 쌓고 살았다 해도 낙심하기엔 이릅니다. 우리 안에는 삶을 행복으로 이끄는 어떤 자동 장치가 있기 때문입니다. 내가 원하는 삶의 방향으로 가지 못하고 있을 때 어떤 신호를 줍니다. 불안한 마음을 느끼게 한다거나 '이렇게 살면 안 된다'는 메시지를 보내주기도 합니다. 잘 살아가고 있다면 편안한 마음을 느끼도록 해주며 '지금 잘하고 있어'라고 속삭여줍니다.

어린 시절에는 부모님과 선생님이 지도해주고 안내해줬습니다. 하지만 성인이 되고 자신을 스스로 책임져야 할 때가 되면 더 진지하게 고민해야 합니다. '나는 지금 잘 살고 있는 것일까?', '이 방향을 이 속도로 가면 되는 것일까?'라는 질문을 던지면서 말이죠. 삶은 모호함과 불확실의 연속이지만 다행히 내 안에는 나다운 길을 명확히 안내하는 내비게이션이 있습니다. 끊임없이 내 방향을 찾아주는 감각과 삶의 가치관이 그것이에요. 가치관에 따라 삶의 방향과 목적지를 정하고 초감각으로 나다운 길을 찾아가는 것이죠. 자꾸 내 안의 깊은 곳에서 보내는 신호를 들으려고 해야 합니다. 그럴수록 내 삶은 더 밝아지고 운명은 길(吉)한 방향으로 흘러갑니다. 흉(凶)한 일도 피해가거나 피해 정도가 줄어듭니다. 삶에서 느껴지는 사소한 신호와 사인에 주의를 기울이면 운은 언제나 나의 편을 들어줄 것입니다.

세상을 살다 보면 감당하기 힘든 상황을 겪고 이해할 수 없는 사람을 만납니다. 나를 힘들게 하는 사람을 어떻게 하면 좋을까요? 특별히 할 수 있는 게 없습니다. 나를 힘들게 하는 그 사람을 바꿀 순 없습니다. 그저 묵묵히 나의 길을 걸어가면 됩니다. 그러면 저절로 문제가 해결됩니다.

스피노자는 『에티카Die Ethik』에서 "우주는 필연적 질서에 따라 움직이는 하나의 기계이고, 이 세상에서 일어나는 모든 일은 원인과 결과로 필연적으로 서로 맺어져 있다. 인간 역시 인과적 질서의 지배를 받을 수밖에 없다. 이러한 사실을 잘 이해한다면 우리는 다른 사람들이 우리에게 하는 여러 행위들이 고의적인 것이 아니라 모든 것이 필연적인 체계의 일부임을 알게 된다. 따라서 이를 깨달으면 다른 사람들에 대한 경멸, 비난, 증오의 태도는 사라지게 된다"고 했습니다.

'저 사람은 왜 나한테 그러느냐?' 하면서 불만을 가질 필요 없습니다. 그 사람은 그냥 자신의 삶을 살뿐이고 자신의 성격대로 했을 뿐입니다. 저마다 자신이 만든 자기만의 우주와 시스템 안에서 살아갈 뿐이죠. 자기는 선행인 줄 알고 하는 게 내게 악행일 수 있습니다. 붓다는 『법구경』에서 남을 미워하는 마음을 내려놓는 길이 그로 인한 고통에서 벗어나는 길임을 역설했습니다.

"그는 나를 욕하고 때렸다. 그는 나를 이겼고 내 것을 빼앗아갔다고 하여 끝내 원망을 놓지 않는다면 그 원망은 그치지 않으리. (중략) 원한을 버려야만 비로소 원한이 없어지는 것, 이것이 변치 않는 영원한 진리다. 다른 이의 허물만을 꾸짖지 말고 힘써 내 몸을 되살펴보라. 이와 같이 깊이 깨닫는 자만이 영원한 다툼에서 벗어나리라."

남 탓을 해서 문제가 해결되면 얼마든지 남 탓을 해도 되겠죠. 하지만 그래 봐야 아무 소용이 없습니다. 진실은 그렇지 않기 때문이에요. 확실한 답은 바로 우리 자신입니다. 우리는 세상의 그 누구보다 자기 자신에 대해 관심이 많습니다. 지극히 나를 알고 스스로를 위하는 사람만이 남을 위할 수 있습니다. 그래서 "하늘은 스스로를 돕는 자를 돕는다"라는 말이 있는 것이겠죠. 『역경易經』에 "자천우지 길무불리自天祐之 吉无不利"라는 말이 나옵니다. "하늘은 스스로 돕는 자를 도우니 길하여 순조롭지 않은 것이 없다"라는 뜻이에요. 자기 자신의 행복을 위해 좋은 마음을 품고 애쓰는 사람에 대해서는 하늘도 그냥 지나치지 않는 법입니다. 문제의 원인은 자신에게서 찾고 좋은 결과를 다른 사람들과 하늘에 돌리는 사람에게는 늘 행운이 따릅니다.

운명을 바꾸는
네 가지 방법

빈부귀천을 막론하고 운명을 바꾸고자 하는 사람이라면 꼭 참고했으면 하는 책이 있습니다. 중국 명나라의 관리였던 원료범袁了凡이 자신의 경험을 바탕으로 쓴 『요범사훈了凡四訓』인데요. 운명을 바꾸는 삶의 방식을 소개하고 있습니다. 중국인들 사이에서 수백 년 동안 기본 교육과 운명의 개선을 목적으로 널리 알려진 책입니다.

원료범은 젊었을 때 용한 점쟁이를 만나서 어떤 이야기를 들었습니다. 자신이 몇 살 때는 어떤 일이 있을 것인지 미리 예언해주었는데 그 말이 모두 맞았습니다. 무척 신기했지만 정해진 운명대로 살아가는 것이 무섭기도 하고 무의미하게 느껴졌지요. 그러던 어느 날 당대의 선승으로 알려진 운곡 선사를 만났고 운명이 바뀌기 시작했습니다. 『서경書經』에서 "운명은 존재하나 변할 수 있으며 자신에 의해 창조되고 결정된다"라고 말합니다. 원료범은 삶을 통해 옛 성현의 말씀을 실현했습니다. 자신이 원하는 대로 운명을 바꿀 수 있었던 것이죠.

운곡 선사는 원료범에게 네 가지 가르침을 전합니다. 운명에는 상수常數와 변수變數라는 두 요인이 작용하는데, 변수가 있으므로 희망이 있다고 얘기해줬습니다. 상수는 과거에 지은 업이므로 바꿀 수 없지만 변수는 나의 말과 생각과 행동으로 짓는 업이므로 얼마든지 변경할 수 있기 때문이에요. 화禍와 복福에 대한 이야기도 해줍니다. 복과 화의 두 글자는 거의 비슷하고 조금 다를 뿐인데, 사소한 요인으로 인해 전혀 판이한 결과가 나오죠. 조그만 어긋남이 커다란 재앙을 가져올 수도 있고 작지만 바른 행동이 좋은 결과를 만들 수도 있다고요.

지금 이 순간 악행을 끊고 선행을 쌓는다면 정해진 운명에서 벗어날 수 있습니다. 내가 짓는 업이 '선'한지 '악'한지에 따라 앞으로 결과가 크게 달라지는 것이죠. 요즘 과학에서 얘기하는 나비효과 같은 거예요. 중국 베이징에 있는 나비의 날갯짓이 태평양에 큰 태풍을 만들 수 있는 것처럼 내가 지은 사소한 조건 값이 큰 차이의 결과를 만들 수 있습니다.

콩 심은 데 콩 나고 팥 심은 데 팥이 나며 뿌린 대로 거두는 법입니다. 이러한 인과법칙은 불교뿐 아니라 우주의 근본 원리입니다. 선인선과 악인악과善因善果 惡因惡果라고 하죠. 선한 일을 하면 좋은 결과가 오고 악한 일을 하면 나쁜 결과가 오는 것이라고요. 내가 몸이 아프고 가난하게 사는 것은 나쁜 결과예요. 과거에 악한 씨를 뿌린 것입니다. 그렇다고 좌절하지 말아요. 남을 위해 기도를 해주거나 선행을 하면 언젠가 나에게 좋은 일이 생깁니다. 적어도 착한 생각과 행동을 하는 순간 마음은 편안하고 좋잖아요. 그것만으로도 이미 복을 받은 거 아닌가요? 아이러니하지만 대가를 바라지 않고 행하는 선은 더 큰 복으로 돌아오는 법입니다. 대가를 바라거나 욕심을 갖고 행한 선은 순수한 선이 아니기 때문에 그 힘이 약할 수밖에 없습니다.

『요범사훈』에서는 내게 벌어지는 모든 것의 진짜 원인은 우리의 생각과 행동임을 설파합니다. 부귀와 빈천이 모두 우리 안에 있다는 것이죠. 맹자는 "무엇이든 구하는 것을 얻을 수 있으니 구하는 것이 내 안에 있다"고 했습니다. 따라서 운곡 선사는 "덕과 성실과 친절 등 내적인 성품과 가치를 수행의 목표로 삼아야 한다", "네 가지 가르침에 따라 명예와 부귀 등 외부적인 요소들도 구하면 얻을 수 있다"고 했습니다.

운명을 바꾸는 네 가지 가르침이란 자신의 운명에 대해서 알고, 과오와 허물을 고치며, 선행을 쌓고 겸손하게 사는 것입니다. 이 가르침이 간단해 보일지 모르지만 실천하는 게 마냥 쉽지만은 않을 것입니다.

당나라 문장가 백락천은 소문난 고승 도림 선사를 찾아가 평생에 좌우명으로 삼을 만한 법문 한 구절을 청했습니다. 선사는 "나쁜 짓을 하지 말고 착한 일을 받들어 행하라諸惡莫作 衆善奉行"라고 말해주었습니다. 백락천은 "그거야 삼척동자라도 다 아는 사실이 아니요"라고 신통치 않다는 듯이 말하니 선사는 침착한 어조로 이렇게 말했습니다. "삼척동자도 다 아는 사실이지만 팔십 노인도 행하기는 어려운 일이네."

결국 우리 마음을 다스리는 것이 가장 중요합니다. 악한 마음을 누그러뜨리고 선한 마음을 일으켜 복덕을 짓고 좋은 업을 쌓는 것이죠. 그래서 혜능 대사는 "모든 복의 밭은 우리의 가슴속에 있다. 만약 사람이 안의 참마음으로부터 구하면 원하는 모든 것과 통할 수 있다"고 했으며, 운곡 선사는 "만약 사람이 안으로 자기 마음을 돌이켜보지 않고 밖에서 맹목적으로 명예, 부, 장수 등을 구하면, 아무리 별 수단을 다 부려도 기껏해야 이미 운명 지워진 것들만 얻을 수 있다"고 한 것입니다.

『시경詩經』에도 "하늘의 마음에 영원히 일치하여 우리 자신의 커다란 행운을 구한다"라는 가르침이 있습니다. 내 마음을 비워서 하늘을 담을 수 있어야 합니다. 그래서 우리에게는 수행이 필요한 것입니다. 자꾸 과거의 나쁜 습관들이 나오는데, 그러지 못하도록 스스로를 삼가면서 좋은 마음을 내야 합니다. 이 마음이 씨앗이 되어 언젠가 값진 열매를 맺을 것입니다. 불교의 인연법因緣法에서 "하늘과 땅의 모든 창조물은 조건으로부터 생긴다"라고 하는 이치와 상통합니다. 그래서 『서경』에서도 "불운이나 행운도 이유나 조건 없이 오지 않는다. 자신이 그들을 불러온다"라고 한 것입니다.

운명의
주인으로
살아가요

선의 씨앗은
행복의 열매를 맺습니다

선인락과 악인고과善因樂果 惡因苦果입니다. 선한 원인이 즐거운 결과를 만들고, 악한 원인이 고통스러운 결과를 낳는다는 의미예요. 인류는 오랜 세월을 거치면서 인과因果의 법칙을 알았습니다. 우리의 짧은 생에서도 경험적으로 알 수 있고요. 나에게 즐거움을 가져다주지 못하는 선은 선이 아니고, 괴로움이 없는 악은 악이 아닙니다. 내 마음 깊숙이 살피면 선과 악의 기준이 무엇인지 알 수 있습니다. 우리가 선을 추구하는 것은 결과적으로 나에게 좋기 때문이며 악을 배척하는 것은 결국 나를 고통스럽게 하기 때문입니다. 선을 추구하고 악을 멀리하는 것이 우리의 본능이자 본성입니다.

붓다는 『법구경』에서 이러한 진실을 확실히 설했습니다.

"만약 누군가 악한 일을 저질렀다면 두 번 다시 그것을 되풀이해서는 안 된다. 또한 결코 그 악행으로 즐거움을 느껴서도 안 된다. 왜냐하면 그 악행은 결국 괴로움을 쌓는 것이기 때문이다."

"만약 누군가 선한 일을 했다면 또다시 그 선행을 되풀이해야 한다. 그리고 선행에 대한 즐거움을 느껴라. 왜냐하면 선행은 즐거움을 쌓는 것이기 때문이다."

악행과 선행의 과정에서 느끼는 괴로움과 즐거움은 내가 하는 행동이 악인지 선인지 구분할 수 있는 열쇠가 되어줍니다. 그런데 중간에 헷갈릴 수가 있습니다. 악행을 해도 특별히 나쁜 일이 생기지 않았기 때문이죠.

다음에 이어지는 『법구경』에서 그 의문이 해결됩니다.

"악인도 자신의 악행이 아직 미숙한 단계에서는 행복을 찾을 수 있다. 그러나 그 악행이 절정에 달하게 되면 결국 재난을 당하게 된다."

"착한 사람도 자신의 선행이 아직 미숙한 단계에서는 오히려 화를 당하기도 한다. 그러나 그 선행이 절정에 달하면 결국 행복을 찾게 된다."

우리는 어떤 상황에서건 선업을 쌓기 위한 선택을 해야 합니다. 악업을 쌓다 보면 결국 후회하게 되기 때문이죠. 붓다는 다시 이렇게 말합니다.

"나쁜 일을 하지 않는 것이 선한 것이다. 왜냐하면 나쁜 일을 저지른 뒤에는 후회가 따르기 때문이다. 착한 일을 하는 것은 선한 것이다. 선행을 한 뒤에는 후회도 없다."

"오랜 타향살이를 한 사람이 멀리서 무사히 돌아왔을 때, 친척과 친구와 사랑하는 사람들은 그를 반갑게 맞이한다. 이와 마찬가지로 착한 일을 하고 이 세상에서 다음 세상으로 갈 때 그의 업보가 그를 맞이한다."

우리의 삶은 언제나 선과 악의 대립이 있고 즐거움과 괴로움이 오고 갑니다. 선행을 통해 즐거움의 열매를 얻고 싶은 것이 우리의 본래적 마음이겠죠. 하지만 삶에서 늘 선한 마음을 갖고 살기란 여간 어려운 일이 아닙니다. 그래서 늘 수행이 필요한 거예요. 먼저 자신의 허물을 찾는 일이 우선입니다. 무엇이 잘못인지 알았다면 고쳐야 하겠죠. 이것이 수행의 진전입니다. 그러므로 고요한 마음으로 자신을 돌이켜보고 내면과 행동을 살피면서 나쁜 습관과 허물을 찾아야 합니다.

인색한 마음은 남에게 베풀지 않습니다. 마음에 탐욕이 가득 차 있을 때는 갖지 못한 것에 대해 심한 결핍을 느낍니다. 남의 것을 빼앗더라도 더 가지려고 하죠. 이러한 나쁜 습관을 알아차렸다면 나눔을 떠올려야 합니다. 나눔을 실천함으로써 관대한 사람이 될 수 있습니다. 나눔에는 세 가지가 있는데요. 재물을 주는 것, 자신이 가진 기술이나 지혜의 서비스를 제공해주거나 원천적인 기술과 지혜를 양도해주는 것 그리고 불안감과 두려움을 느끼지 않고 몸과 마음을 안정시켜주는 것입니다. 이 세 가지 나눔을 실천하면 언젠가 복을 받게 됩니다. 재물을 베푼 이유로 부자가 되고, 가르침을 준 이유로 더욱 지혜롭고 총명해지며, 두려움을 없애줌으로써 건강과 장수를 얻을 수 있습니다.

허물을 고치고
겸손하게 선행을 쌓으세요

    사람들에게 선행을 베푸는 것은 좋은 일이고 반드시 필요합니다. 하지만 그에 앞서 과오를 반성하고 허물을 고쳐야 합니다. 자신의 부족하고 잘못된 점을 깨닫고 고치는 일은 자신에게 베푸는 선행입니다. 보다 착하고 맑아진 마음으로 상대방을 대하고 좋은 일을 하면 실질적으로 많은 사람에게 혜택이 갑니다. 반면에 부정적인 마음과 삿된 의도를 갖고 선행을 하면 당장은 좋아 보일지 몰라도 나중에 화를 불러들일 수 있습니다. 남에게 선행을 베풀 때 자신에게 돌아올 대가에 대한 생각에 묶이지 않고 자유로울 수 있어야 합니다. 완전히 자유로울 수는 없겠지만, 상대방에 대한 선행의 의도와 행위가 순수할수록 나와 남에게 모두 좋을 수 있습니다. 애정이 담긴 선물과 잘 봐달라는 뇌물은 그 의도와 결과가 판이하게 다르다는 것을 예로 들 수 있습니다.

    남의 허물을 보고 마구 비판하는 것은 좋지 않습니다. 오히려 그 사람의 허물이 나에게는 없는지 되돌아보는 자세가 좋습니다. 내가 상대방의 잘못을 지적하고 욕한다고 해서 상대방은 쉽사리 변하지 않습니다. 내가 바뀌는 게 가장 빠른 길입니다.

『법구경』에는 "남의 허물은 발견하기 쉽고 자신의 과오는 깨닫기 어렵다. 타인의 허물은 왕겨를 털어내듯이 발견하고 자신의 과오를 깨닫지 못하는 것은 마치 도박꾼이 자신의 나쁜 패를 감추는 것과 같다. 항상 남의 허물만 들추며 화를 내는 사람은 맹목적 본능만 커져 그것에서 벗어나기 어렵게 된다"라고 했습니다. 오히려 상대방의 과오를 타산지석他山之石으로 삼아 자신을 성장시키는 계기로 만들면 좋겠습니다.

중국 명나라 관리 원료범은 『요범사훈』에서 허물을 고치는 세 가지 길을 제시합니다. 첫 번째, 세속적인 욕망에 집착하는 것에 '부끄러움'을 느끼는 것입니다. 두 번째, 하늘과 땅을 속일 길이 없다는 것을 알고 '두려움'을 아는 것입니다. 자신의 악행이 크면 클수록 온갖 불행이 닥치고, 작은 허물이라도 현재의 행복을 줄이기 때문입니다. 세 번째, 단호하고 용감한 마음을 갖는 것입니다. 허물을 고치기 위해서는 즉시 변하겠다는 단호한 마음으로 결심해야 합니다. 다음으로 미루거나 주저해서는 안 됩니다. 작은 허물은 자신의 살을 찌르는 가시와 같으므로 즉시 뽑아내야 합니다. 커다란 허물은 손가락이 독사에 물린 것과 같으므로 죽는 것을 막기 위해 조치를 취해야 하는 이치와 같습니다. 『역경』에서 풍뢰익風雷益의 괘는 강한 의지로 허물을 고치면 성공이 보장됨을 의미합니다.

자신의 과오를 인정하고 허물에 대해 '부끄러움', '두려움', '용감한 결심'을 갖는다면 분명 내가 바뀌고 결과는 좋아질 것입니다. 세상을 살아가는 바른 지혜가 생기고 앞길에 방해가 되는 업장은 줄어듭니다. 이렇게 마음가짐을 달리하는데도 자신의 나쁜 습관이 잘 바뀌지 않는다면 아래의 세 가지 방법을 참고하면 좋겠습니다.

『요범사훈』에서는 허물을 고치는 데 도움이 되는 세 가지 방법을 소개합니다. '행동으로 고치는 법', '이치로 고치는 법', '마음(가슴)으로 고치는 법'입니다. 첫 번째, 허물을 억누르도록 일단 몸으로 행동을 억제하는 것입니다. 안 하는 것보다 훨씬 나은 길이지만 자신에게 변화를 강요하는 것은 지극히 어렵습니다. 허물을 근절하지 못하고 단지 일시적으로 억눌렀을 뿐이기 때문입니다. 몸도 이해를 시키고 납득이 되어야 하는데 억제한다고 해서 그냥 바뀌지 않습니다. 따라서 행동을 통해 변하는 것은 허물을 확실히 근절하는 데 한계가 있습니다. 문제의 뿌리는 우리 마음속에 있기 때문입니다.

두 번째, 이치로 고치는 것은 이 일을 왜 해서는 안 되는가를 이해하는 것입니다. 쉽게 화내는 사람을 예로 들어보겠습니다. 누군가 나를 화나게 했을 때 화를 잘 내는 사람은 반응과 행동하기에 앞서 누구나 허물이 있음을 생각해야 합니다. 어떤 사람의 결점을 알았을 때, 자비와 연민의 마음으로 그 사람의 부족함을 슬퍼하고 어떤 결점이라도 용서할 수 있어야 합니다. 만일 어떤 사람이 아무 근거 없이 나를 화나게 하면, 그것은 그 사람의 문제이지 나와는 상관이 없습니다. 내가 화내야 할 이유가 없는 것이죠. 따라서 자기가 항상 옳다고 생각하는 사람은 진정 훌륭한 사람이 될 수 없습니다. 지성이 있는 사람은 자신의 잘못을 남에게 전가하지 않습니다. 일이 뜻대로 되지 않는다면 인격과 능력이 부족한 자신의 탓으로 돌립니다. 다른 사람들을 움직일 수 있는 충분한 공덕이 쌓이지 않음을 인정하는 것이죠. 먼저 스스로 반성하는 사람입니다. 이런 마음가짐이면 아무리 불리하고 화가 나는 상황에서도 자신의 인격을 도야하고 능력을 강화할수 있습니다. 다른 사람의 비난과 가르침을 아주 기꺼이 받아들이는 것이죠. '이렇게 화내고 불평할 것이 무엇이 있겠는가?'라는 의문을 던지며 배후에 있는 원리를 이해하는 것이 이치로써 실수를 되풀이하지 않는 방법입니다.

세 번째, 마음(가슴)으로부터 고치는 것입니다. 우리의 수천수만 가지 허물은 모두 마음으로부터 생깁니다. 만일 내 마음이 고요하면, 생각과 행동이 일어나지 않을 것이고 허물을 면할 수 있겠죠. 그러므로 우리는 선행을 닦기 위한 진실한 마음이 필요합니다. 마음에 덕이 많고 친절하면 자연히 나쁜 생각을 갖지 않을 것입니다. 모든 과오는 마음에서 비롯하므로 그것의 원인인 마음부터 변해야 합니다.

불교에서는 번뇌의 뿌리가 마음에 있다는 그것을 탐진치貪瞋痴(탐욕-성냄-어리석음)라 하여 세 가지 독의 성분이라고 했습니다. 허물을 나무로 비유한다면, 뿌리째 뽑아서 확실히 제거해야 다시 자랄 수 없겠죠. 쓸데없이 수많은 이파리를 하나씩 떼어내고 가지를 하나씩 잘라서 어느 세월에 끝장을 볼 수 있을까요? 따라서 허물을 고치는 최선의 방법은 마음을 닦는 것입니다. 그 즉시 맑고 깨끗해집니다. 내 마음이 청정하면 삿된 생각이 떠오르자마자 바로 알아차리고 멈출 수 있습니다.

부도덕한 생각이 일어나는 즉시 알아차리는 그 순간 사라질 것입니다.

마음을 바꿈으로써 허물을 고치는 데 실패한다면, 내가 변해야 하는 이유를 알고 이치를 따져서 고치는 방법을 시도할 것입니다. 이치로도 실패했다면 행동을 바꿈으로써 허물을 고치려고 시도할 것입니다. 다시 단계별로 해도 괜찮습니다. 자신이 지금 상황에서 할 수 있는 최선을 하면 되는 것이죠. 그래도 우리가 알아야 할 것은 행동을 바꾸는 물리적인 변화는 근본적인 해결이 아니라는 것입니다. 마음을 닦으면서 왜 고쳐야 하는지 그 배후에 있는 이유를 이해하는 화학적 변화가 최상의 길입니다. 내 마음과 생각이 바뀌면 자연스럽게 행동도 바뀌게 됩니다.

이렇게 스스로 반성하고 잘못을 뉘우치면 마음이 편안하고 관대해졌음을 느낄 수 있습니다. 그동안 아무리 어리석었어도 바뀌는 그 순간부터 현명한 사람이 됩니다. 어지럽고 혼란한 상황에서도 명석하고 편안한 마음을 유지할 수 있게 됩니다. 마음이 편안해지고 의식이 맑아지니 세상의 많은 것을 이해할 수 있고 적을 만났을 때에도 행복하게 머물면서 증오심을 없앨 수 있습니다.

그러나 이것으로 모든 것이 완성됐다고 보는 것은 금물입니다. 늘 겸손한 마음으로 선행을 베풀어야 합니다. 애플 창업자 스티브 잡스 Steve Jobs가 미국 스탠퍼드대학교 졸업식에서 했던 연설문이 떠오르는군요. "자만하지 말고 항상 배우자 Stay hungry, stay foolish." 늘 겸손하게 배우는 자세로 자신의 부족한 부분을 다듬고 인격을 도야한다면 우리는 늘 성장 발전하고 행복할 수 있을 것입니다.

운명의
주인으로
살아가요

6

명상은
최고의
휴식입니다

"불을 타오르게 하는 것은 장작 사이의 공간, 숨 쉴 공간이다. 너무 많은 좋은 것, 너무 많은 장작을 바싹 붙여 쌓는 것은 오히려 불을 꺼뜨릴 수도 있다. 한 바가지의 물이 거의 틀림없이 불을 꺼뜨리는 것처럼 그렇게. 그러므로 불을 피울 때는 나무뿐 아니라 나무 사이의 공간에도 주의를 기울여야 한다." - 주디 브라운

쉰다는 것은 우리 모두가 추구하는 삶의 양식이자 중요한 가치입니다. 우리는 세상을 살면서 무언가를 생각하고 활동하며 주변과 교류합니다. 이를 위해서는 활동할 수 있는 에너지가 필요하며 그만큼이 충족되어야 합니다. 에너지를 공급받기 위해서 보통 음식물을 섭취합니다. 몸은 섭취한 음식을 원료로 신진대사를 통해 에너지를 생산하고 비축해놓습니다. 또한 호흡을 하면서 몸에 필요한 산소를 공급받고 이산화탄소를 배출합니다. 산소는 세포에서 에너지를 생산하는 과정에 반드시 필요하죠. 그 외에도 휴식을 통한 에너지의 생산(재충전)이 있습니다. 무언가를 섭취하고 생산하는 활동이 밖에서 안으로 들어오는 양陽적인 방법이라면 휴식을 통해 저절로 회복되는 방

법을 음陰적인 방법이라고 할 수 있겠죠.

쉰다는 것은 단지 에너지의 충전과 회복만을 의미하지 않습니다. 쉬는 동안 우리는 평온함과 행복감을 느끼게 되죠. 그 자체로 좋은 것입니다. 아무 걱정 없이 푹 쉬고 싶을 때는 쉬는 게 최고예요. 그냥 편히 쉴 수 있는 상태가 행복인지도 모릅니다. 활동을 하며 무언가를 열심히 하고 성취하는 것도 중요한 일입니다. 하지만 그것만으로는 불충분합니다. 낮과 밤이 있고, 음과 양이 있듯이 활동에는 비활동이 수반돼야 삶의 조화가 유지됩니다. 따라서 일과 공부와 만남을 열심히 하는 만큼 휴식하면서 여유를 갖고 나만의 시간을 가져야 합니다.

우리가 열심히 삶을 살아가는 이유가 어쩌면 잘 쉬기 위한 것인지도 모릅니다. 아이러니하게도 돈을 벌어서 무엇을 하고 싶으냐는 질문에 많은 사람이 여행과 휴식을 꼽잖아요. 노후를 위한 준비 역시 휴식의 범주 안에 포함할 수 있습니다. 어떻게 하면 잘 쉬면서 살아갈 수 있을지를 궁리하니까요. 달이 차면 기울듯이 활동이 많으면 쉼으로 기울어지는 법이죠. 이렇듯 우리는 늘 일과 공부를 하고 사람들을 만나면서도 한편 쉬기를 열망하고 있습니다.

그렇다면 우리는 어떻게 해야 잘 쉴 수 있을까요? 먼저 휴식의 가치를 알아야 합니다. 그래야 비로소 진정한 휴식이 시작됩니다. 휴식은 나태와 태만이 아닙니다. 쉬는 것을 사치와 낭비로 여기며 부정적으로 여기면 쉴 때 제대로 쉴 수 없습니다. 쉬어도 쉰 것 같지 않겠죠. 휴식에 대한 오해를 풀어야 합니다.

예전에 1980년대 학력고사 시절 '4당5락四當五落'이라는 말이 유행

했습니다. 잠을 5시간 자면 원하는 대학에 못 들어가고 4시간 자면 들어간다는 말이에요. 잠을 줄이는 것이 공부를 잘하는 방법이라는 거죠. 공부하는 학생은 잠을 줄여서 한 글자라도 더 공부하고 싶은 욕심이 생기게 마련이에요. 그러나 그것은 과욕에 지나지 않습니다. 공부의 효율 면에서 문제가 생길 수 있기 때문이지요. 1990년대 이후의 수능체제에서는 이 '4당5락'의 원리가 더 안 맞게 되었어요. 수능 고득점자의 인터뷰에는 원하는 만큼 잠을 충분히 잔 것이 도움이 되었다는 말이 부지기수로 등장했고요. 근래에는 반대로 6시간 자면서 공부하면 붙고 5시간 자면서 공부하면 떨어진다는 '6당5락'이라는 말까지 등장할 정도니까요.

이렇듯 수면은 학습과 밀접한 관련이 있고, 학습은 기억력이 좌우합니다. 따라서 수면과 기억의 상관관계를 살펴볼 필요가 있어요. 수면하는 동안 공부했던 단기기억의 정보들이 장기기억으로 변합니다. 이 과정은 렘REM, Rapid Eye Movement 수면 중에 일어나는데 기억을 담당하는 뇌의 해마가 낮에 기억한 것을 재생하면서 학습하고 강화시키기 때문이죠. 그래서 자기에게 맞는 충분한 수면을 취해야 올바른 기억이 오랫동안 유지되며 학습 결과도 좋게 나옵니다. 잠이 충분하지 않으면 집중력이 흐트러지고 기억력이 저하되어 공부 성과가 나쁠 수밖에 없어요. 결론적으로 공부의 양보다 공부의 질이 중요합니다.

학문에서 정의하는 휴식의 의미와 가치에 대하여 살펴보겠습니다. 심리학에서는 휴식은 노여움, 불안, 공포 등에 의한 각성이 없으면서 긴장감이 낮은 정서 상태로 정의합니다. 옥스퍼드 영어사전에 따르면 몸과 마음의 불안감과 긴장이 없는 평온한 상태를 의미해요. 따라서 휴식을 위해서는 이완과 수면이 필수적이겠죠. 명상, 체조, 여가 생활을 통해 이완을 유도하고 잠을 충분히 잘 자는 것도 휴식을 위해 반드시 필요합니다.

미국의 저명한 심리학자 미하이 칙센트미하이 교수는 인간의 삶에서 행복감을 얻는 방법으로 몰입의 중요성을 역설했습니다. 그의 저서 『몰입의 즐거움Finding Flow』에서는 '문제 난이도Challenge Level'와 '능력Skill Level' 면에서의 정신 상태를 몰입 모형으로 정리했는데요. 몰입은 문제 난이도(도전 정도)가 높고 능력(자신의 기량)도 높을 때 이루어진다고 합니다. 휴식은 자신의 능력은 높은 반면에 문제의 난이도가 낮은 상태를 의미하는데요. 즉, 내가 마주하고 있는 과제의 난이도가 높으면 몰입이 되고, 난이도가 낮으면 휴식이 되는 거예요. 이렇듯 몰입과 휴식의 상태는 다릅니다. 하지만 몰입은 몸과 마음이 편안한 상태가 전제되어야 합니다. 따라서 휴식이 충분이 이루어진 상태에서 대상에 완전히 빠져들어 엄청난 집중력을 발휘하는 상태가 몰입이에요. 몰입은 이완과 집중이 공존하는 상태이며, 충분한 휴식을 통해서 가능합니다.

미국 정신과 교수 저드슨 브루어는 뇌의 후방대상피질이 몰입에 관련된다는 것을 밝혔는데요. 몰입은 나를 잊는 무아無我의 경지와 다름없습니다. 따라서 지금 이 일을 하는 사람이 자신이라는 '자기의식Self-Awareness'이 없는 상태예요. 만일 나에게 주의를 기울이며 일을 한다면 일에 온전히 빠져든 것이 아닐 뿐 아니라 충분한 몰입이 안 된 상태인 거죠. '자기 자신을 인지하는 상태'이기 때문이에요. 몰입은 뇌의 후방대상피질Posterior Cingulate Cortex과 관련이 있습니다. 몰입이 안 되는 상태에서는 이곳이 활성화되고, 몰입이 잘되는 상태에서는 이 곳이 비활성화됩니다. 즉, 후방대상피질이 활성화되면 자기 자신에 대한 의식이 강해서 몰입이 잘 안 되는 거예요. 후방대상피질의 활동이 저하되면서 자기 의식이 줄어든 몰입 상태가 되고 집중력이 높아집니다. 특히 명상을 하면 후방대상피질의 활동이 잠잠해지므로 집중력이 향상됩니다.

몰입에 중요한 역할을 하는 뇌의 후방대상피질은 명상과 이완을 통한 휴식과도 깊은 연관이 있습니다. 이곳은 기억과 감정 그리고 '디폴트 모드 네트워크Default Mode Network'를 관장하는 부위이기 때문인데요. 여기에서 '디폴드 모드 네트워크'의 역할에 주목할 필요가 있습니다. 이 부분은 뇌의 신경회로Neural Circuits가 특별한 일을 하지 않을 때에도 에너지를 소모하며 작동하는 기초 활동을 관할합니다. 이 상태는 마치 뇌가 공회전을 하고 있는 것과 같아요. 쉼 없이 움직이고 있다는 뜻이죠. 멍하게 있을 때에도 머릿속에서는 다양한 잡념이 일어났다 사라지잖아요. 그때에도 뇌는 작동하고 있기 때문이에요. '디폴트 모드 네트워크'가 적정하게 활성화됨으로써 우리의 무의식적인 활동이 가능하게 된다는 장점이 있어요. 하지만 중요한 것은 그때 소비하는 에너지의 양이 어마어마하게 많다는 거예요. 뇌 전체가 소비하는 양의 60~80퍼센트를 차지합니다. 뇌를 피로하게 하는 결정적 이유가 여기에 있는 것이죠.

그러므로 뇌가 정말 휴식을 잘 취하려면 '디폴트 모드 네트워크'를 너무 과다하게 사용하지 않아야 합니다. 이런 식의 에너지 낭비를 막는 데 명상과 이완이 효과적입니다. 뇌가 공회전하고 있을 때 떠오르는 과도한 잡념은 뇌를 피로하게 하는 큰 요인인데요. 그러한 잡념이 활동하지 못하도록 주관하는 것은 뇌를 쉬게 하는 것이며 명상을 통한 휴식의 원리입니다. 명상과 이완을 하면 '디폴트 모드 네트워크'를 관장하는 과잉된 활동이 조절되고 에너지 소비가 줄어들어 뇌가 쉴 수 있게 됩니다. 특히 2011년 저드슨 부루어 교수가 발표한 논문이 그 근거를 제공합니다. 이 논문에서는 명상이 뇌에 긍정적인 변화를 일으킨다는 것을 보여주고 있어요. 10년 이상 명상을 한 사람을 대상으로 명상을 할 때 뇌가 어떻게 반응하는지를 측정했고요. 연구결과 후방대상피질의 활동이 줄어든 것으로 확인됐습니다.

명상은 늘
우리 곁에 있습니다

명상冥想은 저에게 늘 큰 힘이 되어줍니다. 평소에는 고마움을 잘 모르다가 힘들 때 도움을 받아서 더 그렇게 느끼는 것 같습니다. 이젠 늘 함께 해주는 벗이 되었습니다. 스트레스 상황에서 마음은 우울하고 짜증나고 몸은 지치고 힘듭니다. 이때 명상은 그 문제들을 사라지게 해줍니다. 명상을 안 해보신 분들은 아주 어렵고 특정한 사람들만 한다고 생각하기 쉽습니다. 저도 그랬습니다. 필요성도 못 느끼고 아예 관심조차 없었죠. 그런데 명상을 해보니 평소에도 명상을 하고 있었던 적이 많았다는 걸 알았어요. 다만 자신이 하는 것이 명상인 줄 알면 더 효과가 있고 보다 구체적일 수 있다는 거예요. 사실 명상은 배워서 아는 것이 아니에요. 원래 알고 있는 것을 다시 활용하는 거예요. 누구나 갖고 있는 인간의 원천적인 능력이기 때문이죠. 단지 오랫동안 쓰지 않아서 기능이 약해졌거나 잊혔을 뿐입니다.

평소에 몸을 움직여 일할 때 운동을 한다고 생각하면 효과가 나타난다고 합니다. 하버드 대학의 심리학자 엘런 랭거 교수는 여러 호텔

181

명상은
최고의
휴식입니다

의 청소부 84명을 대상으로 실험을 했는데요. 절반은 평소대로 청소를 하고, 절반은 따로 불러 청소 활동의 운동 효과를 설명해주었어요. 하루에 15개의 방을 청소하는 것은 두 시간 반 동안 운동하는 것과 똑같다는 얘기였어요. 한 달 후에 건강검진을 해봤더니 설명을 들은 사람들은 턱살과 뱃살이 빠지고 혈압도 떨어졌어요. 반면에 설명을 못 들은 사람들의 몸에는 아무런 변화가 없었습니다. 운동 효과가 있다고 들었던 사람들은 청소할 때마다 무의식적으로 살이 빠져나간다고 생각했어요. 실제로 운동 효과가 있었고 살이 빠진 것입니다. 이렇게 평범한 일상생활에 새로운 시각을 더해주는 것도 명상입니다.

명상을 간단히 말하면 '집중하고 알아차리는 지혜'입니다. 더 확장해보면 '현재 자신에게 생긴 문제를 해결하는 모든 과정'을 의미합니다. 이를 위해서는 나에게서 문제를 '객관화'시키고 '맑은 정신'을 유지할 수 있어야 합니다. 정신을 차리고 깨어 있으라는 말입니다. 우리는 삶의 영역에서 많은 부분 명상을 활용하고 있는데요. 해탈과 궁극적인 행복을 위한 수행의 관점에서 볼 수도 있습니다. 불교 경전에서는 "특정한 생각을 일으켜 거기에 몰입하고 마침내는 생각 자체가 멎는 상태에 이르게 하는 것"입니다. 무념무상無念無想의 경지라고 할 수 있겠죠. 요가 수행자의 대표 경전인『요가수트라』에서는 이 경지를 삼매三昧, samādhi로 표현합니다. 즉, 집중의 대상만이 홀로 빛나고 집중하는 마음 자체는 없어진 것 같은 상태입니다. 독서에 최대로 집중한 상태를 의미하는 '독서삼매경'이라는 말에도 삼매를 쓰는 걸 보면 알게 모르게 우리의 일상에서도 명상과 관련된 것들을 활용하고 있습니다.

일상에서 하는 명상 가운데 가장 탁월한 명상이 있는데요. 다름 아닌 휴식休息입니다. 어떤 분은 휴식이 무슨 명상이냐고 반문할 수도 있습니다. 혹시 '잘 쉬는 것도 능력'이라는 말 들어보신 적 있나요? 아무것도 안 하거나 잠을 잔다고 휴식을 하는 것이 아닙니다. 명상을 활용한 휴식을 했을 때 더 큰 효과가 있습니다. 힘들고 지칠 때에는 쉬는 것이 가장 좋겠죠. 쉴 때 쉬지 않으면 피로가 누적되어 몸에 고장이 납니다. 참다 보면 나중에 병이 나요.

지금 내 몸과 마음의 상태가 어떤지 파악해야 합니다. 감정노동으로 힘든 경우도 있겠죠. 감정노동이란, 업무 중 고객을 대할 때 실제로 서비스를 제공하기 위해 억지로 표현해야 하는 감정이 많을 때 느끼는 피로감인데요. 살면서 마주하게 되는 여러 가지 스트레스 상황을 극복하고 더 편안해지기 위해서는 잘 쉬어야 합니다. 쉼은 몸과 마음의 질병을 예방해줍니다. 몸의 밸런스를 잡아주고 체력을 회복시켜주며 뇌를 쉬게 해줍니다. 휴식만으로 질병의 모든 문제를 해결할 수는 없습니다. 하지만 휴식은 몸의 혈액순환과 전체적인 기능을 활성화시켜주고 면역력을 강화해주며 심신의 안정을 도와줍니다.

명상은 에너지의 균형을 맞춰줍니다. 어깨가 뭉쳤을 때 결림을 푸는 행동을 한다면 우리는 지금 명상을 하고 있는 것입니다. 몸 상태의 균형을 만들어주고 있기 때문이죠. 몸을 풀어주는 행위에 쓰이는 에너지는 어딘가 저장되어 있다가 몸의 균형을 위해 쓰여집니다. 넘쳐나는 한곳의 에너지가 부족한 다른 곳으로 흘러가는 것은 자동화 시스템이에요. 몸의 항상성(자동 정상화)을 유지시켜주죠. 어깨가 뭉쳐서 결리고 아픈 것은 살려달라고 요청하는 신호예요. 그 신호에는 두 가지 의미가 있는데요. 1차 의미는 지금 그곳에 문제가 있다는 것이고요. 2차 의미는 나의 생활습관에 무언가 문제가 있다는 것입니다. 그래서 그 원인까지 찾아서 바꾸어달라는 거예요. 결국 현재 나에게 일어나는 고통과 스트레스를 알아차리는 명상은 현재 느끼는 불편함을 해결해주고 나아가 그것을 일으키는 원인을 찾도록 도와줍니다.

몸뿐 아니라 마음의 불편함도 마찬가지입니다. 계속해서 잡념이 생기고 그것이 불편한 감정을 가져온다면 일단 그것을 알아차려야 합니다. 알아차리는 것만으로도 긍정적인 에너지가 투입되기 때문이에요. 곧 치유와 회복이 시작되는 것이죠.

그럼에도 불구하고 나를 괴롭히는 생각들이 반복해서 나타난다면 그것의 근본 원인을 생각해봐야 합니다. 내가 갖고 있는 고정관념이나 마음가짐에 문제가 있는지 성찰해봐야 합니다. 결국 몸의 불편함이나 질병, 마음의 걸림과 불안함은 내 삶의 문제를 찾게 해주는 긍정적인 신호라는 것을 기억하세요.

행복 연구자 댄 길버트Dan Gilbert는 "중요한 일은 명상, 운동, 충분한 수면 등 단순한 행동을 성실하게 행하고 실천하는 것이다"라고 했습니다. 지금 더 행복하기 위해서는 지금의 행동에 주의를 더 기울이면 됩니다. 몸이 아플 땐 그것을 지켜보고 마음이 슬프고 힘들면 그 마음을 알아차리면 됩니다. 몸과 마음이 주는 신호를 있는 그대로 받아들이면서 나의 일상을 성실하게 행동한다면 우리는 예전보다 더 행복하게 살 수 있습니다.

지금 이 순간을
행복하게 살기

세계적인 권위가 있는 잡지 〈사이언스Science〉에 「방황하는 마음은 불행한 마음이다」라는 논문이 실린 적이 있는데요. 그 내용은 이렇습니다.

"'지극과 무관한 생각'이나 '마음 방황'은 인간 뇌가 작동하는 기본 사양에 해당하지만, 정서적 비용이 들 수 있다. 많은 철학과 종교적 전통은 행복이 이 순간을 사는 것에서 발견된다고 가르친다. 수행자들은 마음의 방황에 저항하고 '지금 여기에 존재하기'를 훈련받는다. 이런 전통은 방황하는 마음은 불행하다고 제안한다."

여기서 알 수 있는 사실은 에너지의 효율을 높여야 행복할 수 있다는 것입니다. 살아가기 위해 기본적으로 쓰는 에너지가 있고 잡생각을 하는 것도 자연스럽게 일어나는 현상입니다. 그러나 필요 이상의 많은 생각과 감정 소모는 나를 더욱 피곤하게 하고 삶을 지치게 합니다. 우리에게 주어진 몸과 마음을 효율적으로 사용하면 에너지 낭비를 줄이고 보다 활기차게 살아갈 수 있습니다. 그 비결은 지금 이 순간에 깨어 있는 힘입니다. 깨어 있으면 피곤할 거라고 생각할 수도 있겠는데요. 사실 그렇지 않습니다. 멍하니 가만히 있어도 에너지는 소모되고 피로는 쌓여갑니다. 하지만 정신이 깨어 있으면 써야 할 곳에 에너지가 쓰이고 나의 회복 능력은 더 좋아집니다. 마치 휴대폰에 전원을 연결하고 충전하면서 사용하는 상태예요. 멍한 상태에서는 충전 없이 배터리가 방전되고 있는 상태고요.

'방황하는 마음'에 대한 연구에서는 수천 명의 사람들에게 스마트폰 앱을 통해 '당신은 지금 하고 있는 일 말고 다른 어떤 것에 관해 생각하고 있습니까?'라고 하루에 세 번 물었습니다. 그 결과, 전체 시간의 절반가량을 방황하고 있었으며 집중해야 하는 일을 할 때에도 30퍼센트는 잡념에 빠졌습니다. 그리고 딴 생각을 하는 것이 우리를 우울하고 불행하게 한다는 결과가 나왔습니다. 잡념이 행복을 갉아먹고 있는 것이죠. 하지만 잡념이 꼭 나쁜 것만은 아닙니다. 이런저런 생각을 하는 가운데 창의적이고 기발한 아이디어가 떠오르기 쉬우니까요. 계획을 세우고 미래의 일에 집중할 수 있도록 해주죠. 다만 지나친 걱정과 부정적인 생각으로 우울해지는 것을 조심하면 됩니다. 여기에 명상이 도움이 됩니다. '지금 내가 우울하구나'라는 사실을 알아차리는 것만으로도 그 감정으로부터 자유로울 수 있어요. 그리고 내가 하는 일이나 만나는 사람에게 더 집중할 수 있고 지금 바로 여기에서 행복감을 느낄 수 있습니다.

위 연구에 참여한 매튜 킬링스워스는 〈하버드 비즈니스 리뷰〉와의 인터뷰에서 "무엇을 하고 있든 그의 마음이 방황하고 있을 때가 초

있는
그대로
나답게

점이 맞춰져 있을 때보다 덜 행복하다", "우리는 최소한 몸이 하고 있는 일에 주의를 주는 만큼 우리 마음이 어디에 가 있는지 주의를 기울여야 하는데, 대다수는 자신의 생각에 대해 별로 주의를 기울이지 않는다"라며 지금 나의 마음을 챙겨야 한다고 했습니다. 이를 위해서는 '오늘 내 마음과 함께 무엇을 하려고 하는가?'를 물어봐야 한다고 당부했습니다. 이 질문을 조금 확장시켜보면, '지금 내 마음은 어떤가?', '지금 내 심장은 어떤가?', '지금 내 몸은 어떤가?'라고 할 수 있습니다. 이렇게 매 순간 마음이 어떤지 알아차리고 그때 생기는 변화와 경험을 알아차리는 것이 마음챙김Mindfulness입니다.

매사추세츠 의과대학의 존 카밧진 박사는 스트레스와 통증으로 고통받으면서 다른 의학적 방법으로도 별 효과가 없는 환자들에게 마음챙김 명상으로 치유를 해주었습니다. 그는 마음챙김 명상을 통한 스트레스 완화 기법MBSR을 최초로 만들었는데요. MBSR은 세계 각국의 기업, 병원, 학교, 교도소, 군대, 프로 스포츠팀 등 곳곳에서 활용되고 있습니다. 그는 마음챙김이 수련으로 개발할 수 있는 기술이며 근육과 같아서 많이 사용할수록 더욱 강해지고 유연해진다고 합니다. 근육처럼 마음챙김 능력은 어느 정도의 도전에 저항할 때 더 강해질 수 있고 일상에서 마주하게 되는 스트레스는 그런 점에서 좋은 도전 거리가 됩니다. 이 도전 거리는 자신의 마음을 알고 현재 순간에 가장 중요한 것에 마음을 둘 수 있게 하는 타고난 능력을 키워나가는 데 가장 좋습니다.

지금 이 순간 내 마음과 몸의 상태를 느끼는 것은 사고에 기반을

둔 단순한 앎을 넘어서 자기 자신을 아는 것입니다. 따라서 '알아차림awareness'이라고도 부릅니다. 타고난 알아차림 능력을 활용해서 자신이 어떤지를 조사하고 물어보며 깨달을 수 있습니다. 그런데 나에게 일어나는 어떤 현상과 느낌을 알아차릴 때 주의해야 할 것이 하나 있습니다. 옳고 그름을 판단하지 말아야 한다는 점입니다. 우리는 습관적으로 어떤 자극이나 정보가 들어오면 즉각적으로 판단을 내리는 경우가 많습니다. 자기 나름대로의 기준을 갖고 판단하겠지만 그 기준과 판단에 오류가 있을 수 있음을 간과하기 쉽습니다. 어떤 사건과 사람에 대해 충분한 생각을 갖지 않고 급하게 답을 도출해내면 자칫 비합리적인 판단을 하게 됩니다. 생각이 짧을 우려가 있다는 것이죠. 따라서 마음챙김을 '의도적으로 현재의 순간에 비판단적인 주의를 기울일 때 생겨나는 알아차림'으로 정의합니다.

심리학자 빅터 프랭클의 말에 따르면, 자극과 반응 사이에 자기만의 공간이 있습니다. 그 공간은 누구도 침범할 수 없는 자기 고유의 것인데요. 이것은 마음의 태도이며 이 공간이 얼마나 넓고 깊으냐에 따라 행복이 결정된다고 합니다. 누군가 나에게 화를 낼 수도 있고 듣기 좋은 말을 할 수도 있습니다. 부정적인 자극이 왔을 때와 긍정적인 자극이 왔을 때 그것을 어떻게 받아들이고 반응해야 할까요? 정해진 답은 없습니다. 자기 나름대로의 생각과 판단으로 그 자극과 정보를 이해하고 분석해서 어떤 반응을 할지 결정합니다. 이런 과정 없이 안 좋은 게 들어오면 맞받아쳐서 화를 내고, 좋은 게 들어오면 무조건 받아들이는 태도는 위험합니다. 자극과 반응 사이에 공간을 넓히고 충분한 시간을 할당하면서 의미와 가치를 발견해야 합니다. 그렇지 않고 매사에 생각 없이 즉각적으로 반응하면 만족스럽지 않는 결과를 빚을 가능성이 커집니다.

마음챙김 명상은 어떤 자극을 알아차리고 선입견으로 판단하지 않으며 있는 그대로를 볼 수 있게 해줍니다. 자연히 마음의 여유가 생기게 되는데요. 이렇게 편안한 마음 상태에서 생각한 후에 나타나는 반응은 보다 합리적이고 나와 남을 모두 만족시킵니다.

고통 없이
편안하게 살아가기

이 세상을 살아가면서 근심이 없고 오직 즐거움만 있으면 얼마나 좋을까요? 하지만 현실은 그렇지 않아요. 즐거움보다 근심과 걱정이 더 많은 것 같으니까요. 붓다는 일찍이 이러한 상황을 두고 "일체의 모든 것이 고통"이라고 했습니다. 조금 위로가 되시나요? 나만힘든 게 아니라 남들도 다 힘드니까요. 세상살이가 원래 힘들다는 걸알고 힘들게 살아가는 나와 모든 사람에게 연민의 마음을 가지면 좋을 것 같습니다.

인생은 고통의 바다입니다. 그런데 여기서 끝이면 살아갈 이유가없겠죠. 일체 번뇌와 속박에서 벗어난 해탈의 상태가 있다는 것이죠. 마음은 온갖 스트레스로부터 자유로워지고 고요한 평화와 행복한상태를 맞이하는 거예요. 고통이라는 그림자를 보며 행복이라는 밝은 빛을 떠올릴 수 있으면 좋겠습니다. 솔직히 저도 처음에는 고통에 대한 붓다의 가르침을 받아들이기 힘들었습니다. 마음이 강퍅하고 힘들고 외로울 땐 '알긴 알겠는데, 그래서 뭐 어떻게 하라는 거야'

라는 반항 섞인 마음이 든 적도 있었어요. 그만큼 삶이 온통 고통이고 아픔일 때에는 눈에 뵈는 게 없나 봐요.

불교에서는 고통을 크게 여덟 가지로 분류했습니다. 태어나면 늙고 병이 들어 죽는다는 생로병사生老病死가 고통입니다. 여기에 '사랑하는 존재와 헤어지는 고통', '미워하는 존재와 만나야 하는 고통', '원하는 것을 성취하지 못하는 고통', '나라는 실체에 집착해서 생기는 고통'까지 더해 여덟 가지 고통이 됩니다. 지긋지긋한 이 고통을 어떻게 하면 없앨 수 있을까요? 근심 걱정 없이 발 뻗고 편안하게 잘 수 있으면 좋을 텐데 말이에요.

모든 고통은 갈망과 집착 그리고 과거에 지은 악업에서 비롯됩니다. 『법구경』에서 고통의 원인과 해결책을 모두 가르쳐주었습니다.

"생명이 있는 것을 해치고, 거짓말을 하고, 남의 것을 빼앗고, 남의 아내를 취하고, 술에 취해 있는 사람은 이미 자신의 뿌리를 파내고 있는 것과 같다. 스스로 절제하지 않으면 사악한 상태에 빠진다는 것을 염두에 두라. 욕망과 부정이 그대를 끝없는 괴로움에 빠트리지 않게 조심하라."

끊임없이 타오르는 욕망과 집착의 불을 끄고 마음을 편안히 가라앉히기 위해서는 수행이 필요합니다. 거창하게 말해서 수행이지 우리 삶의 모습에 조금 더 관심을 기울이면 됩니다.

법정 스님은 "너무 긴장하지 마라. 너무 긴장하면 탄력을 잃게 되고 한결같이 꾸준히 나아가기 어렵다. 사는 일이 즐거워야 한다"라고 했습니다. 긴장하지 않으면서 즐거운 일이 무엇일까요? 아무런 기준 없이 그냥 자기만 즐거운 건 위험합니다. 다른 사람에게 피해를 주거나 나의 정신을 피폐하게 할 수도 있으니까요. 다산 정약용은 즐거움과 괴로움의 본질을 알기 위해서는 자신의 마음을 자세히 살펴야 한다고 했습니다.

"즐거움은 괴로움에서 나오며 괴로움은 즐거움의 뿌리다. 괴로움은 즐거움에서 나오며 즐거움은 괴로움의 씨앗이다. 괴로움과 즐거움이 서로를 낳는 것은 동動과 정靜이나 음陰과 양陽이 서로 뿌리가 되는 것과 같다. 통달한 사람은 그러한 까닭을 알아 깃들어 숨어 있는 것을 살피고 성하고 쇠하는 이치를 헤아린다. 내 마음이 상황에 응하는 것을 항상 뭇사람들이 하는 것과 반대로 한다. 그런 까닭에 두 가지가 그 취향을 나누고 기세를 죽인다."

『바가바드 기타』 5장에서도 즐거움에 대한 경고를 하고 있습니다. "정신이 통일된 사람은 행동의 결과를 버리고 궁극의 평화를 얻으나, 정신이 통일되지 못한 사람은 애욕에 몰려 행동의 결과에 집착함으로써 항상 얽매여 있느니라. 감각의 접촉에서 나오는 쾌락이란 고통의 원천이 될 뿐이다. 그것은 시작이 있고 끝이 있는 것이다. 지혜가 있는 자는 그런 것을 즐거워하지 아니하느니라." 감각적 욕망으로부터 오는 즐거움은 잠시 왔다 사라지며 중독성이 있어서 우리를 더 큰 고통으로 이끌기 때문이죠.

그렇다고 무작정 즐거운 삶을 멀리할 수도 없습니다. 우리들은 기뻠과 행복을 추구하는 존재이기 때문입니다. 부담 없고 손쉽게 건전한 즐거움을 누릴 수 있는 방법은 어디 없을까요? 여기 명상과 이완이 있습니다. 이로써 진정한 즐거움을 맛볼 수 있습니다. 조금씩 그 감각을 터득하며 즐거운 삶의 기준을 만들어 갈 수 있는 것이죠.

지금 이 순간을 즐겁고 행복하게 살아가는 첫걸음은 긴장감을 푸는 것입니다. 우리는 삶에서 필요 이상의 긴장감을 느끼면서 살아가고 있습니다. 과도한 학업과 업무에 대한 스트레스를 받고, 인간관계에서 불편함과 거리낌을 느끼고 있죠. 우리 몸은 긴장하고 마음은 경직될 수밖에 없습니다. 이런 상태에서는 사람들과의 관계도 자연스러울 수 없겠죠.

먼저 '힘 빼기'를 통해 손쉽게 긴장감을 내려놓을 수 있습니다. 그냥 편안하게 앉거나 누워서 힘을 쭉 빼면 됩니다. 시체놀이 하듯이 손끝 발끝에 힘을 빼보는 거예요. 몸이 축 늘어지고 힘이 빠지면서 자연스럽게 이완됨을 느낄 수 있습니다. 스트레칭이나 가벼운 운동으로 몸을 편안하게 해주는 것도 좋고요. 깊은 심호흡을 추가하면 더 빨리 효과를 볼 수 있습니다. 코로 숨을 들이마시면서 어깨를 '으쓱' 올리고요. '털썩' 어깨를 내리면서 입으로 숨을 내쉬면 됩니다. 평소에 몸이 뻐근하고 찌뿌둥할 때 몸을 이리저리 비틀고 숨을 크게 들이마시고 내쉬는 것과 같아요. 우리 몸을 건강한 상태로 만들기 위해서 스스로 움직여주는 겁니다. 이렇게 몸을 이완하면 금세 기분이 좋아집니다. 이 편안하고 상쾌한 기분을 기억하고 상태가 안 좋아질 때마다 좋은 기분을 떠올리며 몸을 움직여주면 됩니다. 대혜 선사는 이렇게 "힘을 빼면 힘이 생긴다"라고 했습니다. 평소에 긴장과 스트레스로 나도 모르게 몸에 힘이 들어가게 되잖아요. 그것을 의식하며 힘을 빼거나 내려놓으면 그 자리에서 다시 힘을 얻게 된다는 의미입니다.

그다음으로 '바라보는 것'입니다. 힘을 뺀 후에는 그곳을 지그시 바라보며 자연스럽게 명상 상태에 들어갑니다. 이것을 마음챙김이라고 하는데요. 옳고 그름을 판단하지 않고 있는 그대로를 보고 받아들이고 알아차리는 상태를 의미하죠. 있는 그대로의 나를 느끼고 볼 수 있다면 자연스러운 모습을 유지할 수 있어요. 특히 '스트레스를 경감시키는 마음챙김 명상MBSR: Mindfulness Based Stress Reduction'이 일반인들 사이에서 많이 이루어지고 있는데요. 존 카밧진 박사는 마음챙김을 할 때 일곱 가지의 중요한 태도를 강조합니다.

'판단하지 마라.'
'인내심을 가져라.'
'처음 시작할 때의 마음을 간직하라.'
'믿음을 가져라.'
'지나치게 애쓰지 마라.'
'수용하라.'
'내려놓아라.'

이러한 태도를 처음부터 모두 갖출 수 없겠지만 하나씩 의식하면서 적용해보면 익혀질 것입니다. 몸과 마음이 편안해지면서 긴장감이 사라집니다. 이런 상태에서는 그 자체로 즐겁고 지금 이 순간 행복함이 찾아듭니다. 그런 상태에서는 내가 가진 역량을 최대치로 발휘할 수 있습니다.

하버드 의과대학의 허버트 벤슨 박사는 "인간은 선천적으로 스트레스에 대항하는 역량을 타고났다. 우리는 스스로를 이완시켜서 스트레스의 해로움에 대항할 수 있게 만들어져 있다. 이것이 곧 이완 반응이다"라고 했습니다. 스스로 깊은 이완 상태로 유도함으로써 고통을 경감시킨다는 것이죠. 자연도 스스로 정화하는 능력이 있듯이 우리도 자가 치유능력이 있습니다. 몸이 결리고 마음이 불편하다는 것을 알아차리면 그 즉시 회복을 시작합니다. 몸은 저절로 이완되고 마음이 편안해지는데요. 내가 더 의식하면서 마음을 내면 그 효과가 배가 되고 좋은 상태가 빨리 나타나겠죠. 건강이 약해지고 세포가 노화되는 속도보다 우리의 회복 속도가 더 빠르다면 우리는 오랫동안 건강과 아름다움을 유지할 수 있습니다. 지금 내 마음과 몸의 상태가 어떤지 살펴보세요. 자신을 사랑하고 가꾸는 마음이 있다면 그 즉시 내 삶은 행복으로 충만해집니다.

아무것도
하지 않아도 괜찮아요

"배움을 행하면 날마다 보태지고, 도를 행하면 날마다 덜어진다. 덜고 또 덜어내면 무위의 지경에 이르는구나. 무위를 실천해봐라. 그러면 안 되는 일이 없을 것이다." 노자의 『도덕경』 48장에 나오는 글입니다. 그는 무언가를 배우고 채우기보다는 덜어내고 비우라고 합니다. 배우는 것을 멀리하고 배운 것을 다 덜어내면 무식해 보일지도 모릅니다. 하지만 장자도 바보를 예찬했습니다. "바보가 좋아. 어리석은 바보가 좋아. 아이를 안고 아침마다 축원을 한다. 배고프면 먹고 배부르면 기뻐하는 동쪽 이웃 아무개처럼 되어라"라고요.

이처럼 노자와 장자로 대표되는 도가 사상에서는 인위적인 것을 배제하고 그것을 초월한 무위적이고 자연스러운 삶을 추구했습니다. 바보는 부귀나 영화를 획득하는 데 급급하지 않으므로 심신이 고달플 이유가 없다는 것입니다. 또한 지식을 추구하지 않으므로 교활함으로 타고난 천진함을 잃지 않게 되는 것이죠. 자기가 아는 것으로 남을 속이지도 않고, 쓸데없이 삶을 낭비하지 않는 순진무구한 인간

있는
그대로
나답게

상을 그리고 있습니다.

　같은 맥락에서 노자는 자신에게 이미 있는 지식과 이념을 약화시키고 덜어내면서 그 힘을 약하게 해야 그것으로부터 자유로울 수 있다고 설파합니다. 그런 후에라야 온전히 자신의 생각이 일어날 수 있다고 말입니다. 자기 본래의 자발적인 내념(內念)이 드러나는 것이죠. 남이 만들어놓고 이미 정해져 있는 것을 거부하며 나의 본성적 욕망과 가치가 나를 지배할 수 있게 허락하는 것입니다. 세상을 봐야 하는 대로 보는 것이 아니라 그냥 있는 그대로, 보이는 대로 봅니다. 결국 무위의 상태에 이르게 됩니다. 무위는 아무것도 하지 않는 게 아닙니다. 함이 없는 것처럼 보이나 가장 확실히 하고 있는 것입니다.

　예를 들어 시험공부를 안 하고 자기 하고 싶은 걸 하는 친구를 보면 한심하다는 생각이 들기 마련입니다. 남들 공부할 때 놀고 있으니까요. 시험 성적도 별로 좋지 않아요. 그런데 자신이 원하는 학과에 들어가서 그 분야의 전문가가 되고 세상을 위해 좋은 일을 많이 하는 사람이 되는 경우가 있습니다. 행복은 성적순이 아니라는 말이 여기에 적용될 수 있을 거예요. 학창 시절에는 입시라는 틀 안에서 시험 성적이라는 기준으로 평가하고 줄을 세웠던 것이죠. 하지만 세상에는 그 틀만 있는 것이 아닙니다. 그보다 더 중요한 것은 자신의 가치관, 자신이 정말 하고자 하는 뜻입니다. 뜻이 있는 곳에 길이 있는 법이니까요.

　저도 학업을 포기하고 출가를 했을 때에는 사회에서 도태된 것과 다름이 없었습니다. 그러나 제 안의 기준과 가치에서는 잘 가고 있는 것이었어요. 남들이 걱정하고 세상에 뒤처진다고 생각했어도 저는 이 길이 맞는 길이라고 생각했습니다. 이 세상에 정답은 없기 때문이에요. 누군가에게 정답이 자신에겐 오답이 될 수 있으니까요. 하나로 정해진 답은 없어요. 우리는 저마다 다른 존재이기 때문이에요. 보편적인 가치와 틀에 나를 가두다 보면 나의 특수하고 유일한 가치가 훼손될 수 있습니다. 그 누구보다 자기 스스로가 자신을 보호해야 합니다.

나만의 방식으로 나답게 살다 보면 손해 보는 것도 있습니다. 세상이 원하는 기준에 맞추지 않기 때문에 생기는 불이익이 있을 수밖에 없죠. 세상이 필요로 하는 일을 해야 그만한 대가를 받을 수 있고 훌륭한 인재로 인정받기 때문이에요. 나의 길을 가는 사람은 당장은 별 볼일 없어 보일 수 있습니다. 하지만 시간이 점차 흐름에 따라 그가 이뤄내는 성취는 크게 나타날 것입니다. 노자는 무위를 실천하면 가장 큰 성취를 이룰 수 있다고 했습니다. 바보같이 산다고 진짜 바보가 아닙니다. 사람은 겉모습으로 판단하면 안 됩니다. 그 안에 무엇을 품고 있는지를 볼 수 있어야 합니다. 자연스럽고 걸림 없는 나만의 길을 찾은 사람은 '모든 것이 이루어진', '안 되는 것이 하나도 없는' 성취를 맛볼 것입니다. 무위의 삶은 가장 자연스러운 것이고 나다운 느낌이 살아 있는 삶입니다. 인위적으로 꾸며진 모습이 아니라 자신의 맨 얼굴로 당당하게 살아가는 삶입니다.

곰곰이 생각해보면 우리는 사실 아무것도 하지 않기를 원합니다.

즉 아무것도 안 하다가 하고 싶은 거 하면서 놀고 먹는 삶이 제일이라는 것이죠. 해야 해서 하는 공부와 일, 만남이 스트레스로 다가오지 않던가요? 삶을 의무감으로 살아가는 사람은 불행할 수밖에 없습니다. 프랑스 작가 폴 부르제는 "생각하는 대로 살지 않으면 사는 대로 생각하게 된다"고 했습니다. 우리는 어떻게 살아가야 할지 진지하게 생각하는 시간이 필요합니다. 어떻게 하면 나답게 살아갈 수 있을지, 어떤 삶이 행복한 삶인지, 무엇이 내 삶의 행복과 기쁨을 방해하고 있는지 생각해봐야 합니다.

이렇게 나에 대한 사유와 명상을 해보면서 부자연스럽고 불필요한 것들을 하나씩 소거해 나가봐요. 하고 싶지 않고 힘든데 해야 하는 일이나 관계가 있다면 하나씩 정리하는 게 좋습니다. 이런 식으로 하나둘 없애다 보면 모든 것이 사라집니다. 맺어야 할 관계도 사라집니다. 아무것도 하지 않고 아무도 만나지 않아도 됩니다. 나 혼자 고요하게 살아갈 수 있다면 그때부터 일과 관계를 하나씩 만들어가면 됩니다. 덜어내고 덜어낸 무위의 상태에서 드러나는 한 생각, 그 마음으로 시작해봐요. 진정 내가 바라는 삶이 펼쳐질 것입니다.

삶의 주인으로
살기 위한 질문들

　내가 누구인지 알아가는 것은 내 삶의 의미를 찾고 행복을 만들어 가는 일입니다. 나답게 살기 위해 필요한 물음이기도 하죠. 나의 본질에 대해서 생각하게 하는 질문이 다소 추상적이고 관념적으로 느껴질 수 있습니다. 바쁜 일상 속에서 언제 답이 나올지도 모르는 질문이 과연 우리에게 필요할까요? 어떤 사람에게는 필요하지 않을 수도 있습니다. 그러나 누군가에게는 절실하게 와 닿는 질문일 거예요. 필요하고 안 필요하고는 자신이 느끼면 되는 문제겠죠. 사람마다 상황과 시기에 따라 우선순위는 달라지는 법이니까요.

　살다 보면 나를 찾는 질문이 크게 다가오는 순간이 있습니다. 그때 답을 구하면 됩니다. 빠른 게 좋은 것만도 아니고 느린 게 나쁜 것만도 아닙니다. 자신에게 맞는 좋은 시기가 있는 것이겠죠. 사람 간의 인연도 언제 만나느냐에 따라 서로 도움이 될 수도 있고 방해가 될 수도 있는 것도 같은 이치입니다. 보통 사춘기 시절에 자신의 존재와 진로에 대해 고민하기 시작하는데요. 그 시기를 넘기면 대학과 직장생활을 하며 자신의 정체성에 대해 생각하게 됩니다. 요즘 '사십 춘기(40대+사춘기)'라는 말도 등장했는데요. 공황장애, 조울증이 많이 나타나는 등 심리적으로도 불안해합니다. 결국 언제가 되었건 '나'라는 삶의 가장 큰 주제에 대해 나름의 답을 찾아야 합니다. 안 그러면 존재의 의미를 모른 채 살아가게 되고 삶의 만족과 행복은 점차 멀어질 수밖에 없습니다.

따라서 적극적으로 나를 파고들며 본질에 대해 숙고하는 과정은 누구에게나 필요합니다. 이것이 나만의 철학을 갖추는 과정이고 명상적으로 살아가는 삶입니다. 불가에서는 오래전부터 화두를 갖고 수행하는 문화가 있었습니다. 화두는 '이야기의 첫머리'라는 뜻이며 주제나 이슈를 말하기도 하는데요. 본래적으로는 '말(話)보다 앞서는(頭) 것'을 의미합니다. 문구 자체가 중요한 것이 아니라 그 너머의 본질에 닿아야 한다는 뜻입니다. 그래서 그 말의 의미를 애써 해석할 필요가 없습니다. 역설과 비유로 설명하는 경우가 많은데 깨침을 통해서 참된 의미를 알 수 있습니다. 깨닫기 위한 도구와 방편이죠. 마치 뗏목과 같아서 강 저편으로 건너면 더 이상 필요가 없게 됩니다. 오히려 계속 갖고 있으면 집착하게 되고 공부에 방해가 되죠. 언어 이전의 세계에 도달하기 위한 과정으로서 활용하면 그만입니다.

화두는 대략 1,700여 가지가 있습니다. 그중에서 '무無', '삼세 근', '마른 똥 막대기', '뜰 앞의 잣나무', '이 뭣고', '부모에게 몸 받기 전, 진짜 나는 무엇이었던가' 등이 대표적이에요. 좋은 화두는 간절한 의문을 일으킵니다. 나에게 좋은 화두가 남에게 별로 감응이 없을 수도 있고 다른 사람에게는 와 닿지 않지만 나에겐 절실함을 일으킬 수도 있습니다. 얼마 전에는 좋았던 화두가 지금은 별 쓸모가 없을 수도 있고요. 나에게 의문을 일으키는 화두여야 합니다. 내 안의 참된 의심과 진정성이 깨어날 수 있어야 좋은 화두예요. 그래서 성철 스님은 화두를 들 때 '어떤 것이', '어째서'라는 문제의식을 가지라고 강조했습니다.

숭산 스님은 'Who am I? Only don't know(나는 누구인가? 오직 모를 뿐)'이라는 심플한 화두로 전 세계에 한국 불교를 전파했습니다. 제자들에게는 'Only don't know, Only go straight(오직 모를 뿐. 다만 정진하는 거야)'라며 끊임없이 답을 찾기를 강권했고요. '나는 누구인가?'라는 질문에는 명확한 답이 있을 수 없습니다. 누군가 답을 찾았어도 다른 사람에게는 답이 아닐 수도 있기 때문이에요. 깨달음은 언어도단言語道斷이자 불립문자不立文字이기 때문에 말로써 표현할 수도 없고 전할 수도 없습니다. 그저 이심전심以心傳心으로 마음 간에 주고받을 수 있을 뿐이죠. 내가 깨닫고 받아들일 수 있으면 됩니다. 누군가에게 의지하고 인가를 받아야 하는 것이 아니에요. 스스로 묻고 내 힘으로 답하는 것이 중요합니다. 이렇게 내 존재를 찾아가는 과정에서 '나다움'을 찾으면 나답게 살아갈 수 있습니다.

우리는 누구나 '나답게' 살고 싶어 합니다. 다른 누군가가 원하는 삶을 살기보다 나답게 살아야 행복하기 때문이죠. 가끔 가깝게 지내는 사람으로부터 "너답지 않게 왜 그래?"라는 말을 들을 때가 있습니다. 그럴 때 '아, 내가 뭔가 잘못하고 있구나'라는 생각이 들 수도 있겠지만, '나는 이 모습이 나답다고 생각하는데, 저 사람은 왜 다르게 생각하지?' 하면서 이의를 제기할 수 있습니다. 사실 남들은 나에 대해서 잘 모릅니다. 아무리 가까운 사이도 모르는 게 많습니다. 나만큼 나에 대해 관심이 없기 때문이죠. '내 코가 석 자'일 때가 하도 많으니까요. 내가 나에게 가장 관심이 많고 잘 알 수밖에 없죠. 그런데 갑자기 자기 자신에게 '나다움'을 물어보면 대답이 턱 막힐 수도 있습니다. 과연 나답게 산다는 것은 어떤 것일까요?

마크 트웨인은 이렇게 말했습니다. "춤춰라, 아무도 보지 않는 것처럼. 사랑하라, 한 번도 상처받지 않은 것처럼. 노래하라, 듣는 이 없는 것처럼. 살아라, 지상이 천국인 것처럼."

나답게 사는 사람은 '바람직한 삶'이 아닌 내가 '바라는 삶'을 사는 것입니다. 남이 만들어놓은 기준을 무조건 따르는 것이 아니라 나만의 기준을 만들어가는 사람입니다. 남들이 보기에 내 노래가 훌륭하지 않아도 별수 없어요. 내가 좋으면 그만인걸요. 타인이 세운 기준에 맞춰서 사는 것이 아니라 내 기준에 맞춰 살아가야 나답게 행복하게 살 수 있습니다.

그런데 가끔 나 자신도 내가 누구인지 잘 모를 때가 있어요. 이럴 땐 쓸 수 있는 특효약이 있습니다. 바로 사랑을 하는 것입니다. 니체는 "사랑은 다른 사람에게는 전혀 보이지 않는, 그 사람의 아름답고 고귀한 것을 찾아내고 주시하는 것이다. 사랑은 사람을 보다 높은 차원으로 이끌려는 욕구를 가지고 있다"라고 말했습니다.

내가 누군가를 사랑할 때 상대방에게서 좋은 무언가를 봅니다. 그것은 상대방에게 있는 아름다움이기도 하지만 나에게도 있고 내가 추구하는 가치와 맞닿아 있는 거예요. 상대방을 사랑하는 것을 통해 나에 대해서 더 알아갑니다. 또한 상대방에게 좋은 모습을 보이고자 하는 의욕과 동기로 나를 바꾸어갑니다. 미숙했던 내가 성숙한 나로 더 개선됩니다. 언뜻 보면 상대방에게 보이고자 나를 바꾸는 것 같지만, 실은 내가 만족할 수 있는 나로 만들어가는 것입니다. 사랑을 통해 나를 발견하고 내가 원하는 내 모습으로 더욱 새롭게 바꾸어나가는 것이 바로 나답게 사는 길입니다. 그래서 니체는 "우리는 사랑해야 한다. 사랑할 때 성장하기 때문이다"라고 한 거예요.

제가 했던 사랑은 조금 특별했습니다. '사랑을 통한 성장'이 전제된 만남이었기 때문이죠. 공동체 안에서 함께 수행했던 도반과의 만남이었습니다. 주변의 권유로 시작된 인연이었는데요. 이상하게 들릴지 모르겠지만, 좋아해서 사랑을 한 것이 아니라 사랑의 당위성이 좋아하도록 이끌어줬습니다. 일반적인 청춘 남녀가 하는 연애와 시작이 달랐던 것뿐이에요. 그 과정에서 겪은 일들은 비슷했을 것입니다. 성격이 맞지 않아 다투기도 했고, 화해를 통해 관계를 돈독히 다지기도 했습니다. 열렬히 사랑을 했지만 미워도 했으며 극진히 존경하면서도 깡그리 무시했습니다. 서로 밀고 당기고 속을 뒤집고 헤치면서 인격의 맨 밑바닥을 볼 수 있었습니다. 사랑하는 마음이 없었다면 그러기도 전에 포기했겠죠. 애정은 신뢰와 관계를 유지할 수 있는 힘이 되었고 나를 바꾸고 상대를 받아들일 수 있는 공간을 마련해줬습니다. 상대의 눈을 통해 내 결점을 볼 수 있었고, 그 부족한 점을 고치기 위해 애를 썼습니다. 타인에게 맞추기 위해 나를 바꿔가는 과정은 곧 인격을 도야하는 길이었습니다. 결국 헤어졌지만, 그때의 만남을 통해 많은 것을 배웠고 지금의 나로 성장할 수 있었습니다.

그런데 왜 남녀의 사랑이 중요한 것일까요? 여러 가지 이유가 있을 수 있겠지만, 원론적으로 보면 우주가 음양의 원리로 형성되어 유지되고 있기 때문입니다. 가까운 예로 '나'는 이 세상에 어떻게 탄생했나요? 부모님의 사랑에 의해서죠. 생명은 사랑으로 인해 태어나는 것이니까요.

또한 인간의 무의식에서 사랑의 동기가 일어납니다. 분석심리학자 카를 융은 무의식에 있는 아니마(남성의 무의식 안의 여성성) 또는 아니무스(여성의 무의식 안의 남성성)를 밝혔습니다. 이성에 대한 호기심과 끌림은 바로 이것 때문이죠. 태극의 모형에서 그 힌트를 얻을 수 있는데요. 마치 붉은 영역이 푸른 곳으로 흐르고 푸른 영역이 붉은 영역을 향해 역동적으로 나아가는 것과 같아요. 내 안의 불완전한 여성성이 완전해지기 위해 다른 존재의 여성성을 찾아가는 것이고, 상대 안의 미성숙한 남성성이 내 존재 안의 남성성과 접하기를 원하는 것이죠. 남성과 여성이라는 다른 두 존재가 만나서 하나의 완성체로 합쳐져 가는 과정을 사랑의 본래 목적이라고 할 수 있습니다. 이것을 일컬어 동양에서는 음양의 조화라고 했습니다.

하지만 왜 현실에서는 그런 아름다운 모습을 보기 힘든 걸까요? 아직 우리는 미성숙한 존재이기 때문입니다. 저마다 가진 인격과 사랑이 아직 무르익지 않은 것이죠. 수행이 필요한 이유입니다. 더 아름답고 완전한 사랑을 하기 위해 나 자신을 더 갈고 닦아야 하는 거예요. 홀로 살아가는 수행자도 언젠가는 더불어서 잘 살기 위해 자신을 성찰하며 성장하는 것이고요. 함께 살아가는 사람들도 혼자만의 시간을 그리워하는 것은 상대를 통해 부족한 자신을 확인했으며 완전한 존재로 성장하기 위한 시간과 공간이 필요성을 느꼈기 때문입니다. 따라서 사랑은 현재 자신의 미숙함을 확인시켜주는 바로미터가 되고 앞으로 살아갈 인생의 목표가 되어줍니다.

나를 알아가는 또 하나의 방법은 바로 '내가 좋아하는 것', '하고 싶은 것'이 무엇인지 아는 것입니다. 즉, 나의 욕구가 무엇인지에 대해 알아가는 거예요. 내가 하고 싶은 것만 하면서 살 수는 없지만, 세상과 조화를 이루며 거기에 맞춰서 살다 보면 나다운 것이 무엇인지 하나하나 알게 됩니다.

'나는 누구인가', '내가 좋아하고 원하는 것은 무엇인가?'라는 질문을 하는 거예요. 여기에는 명확한 답이 없습니다. 나에게 맞는 답을 찾아가는 과정에 의미가 있으니까요. 매우 근본적인 질문이고 이를 통해 삶의 중요한 가치와 내가 좋아하는 것을 알게 되기 때문이죠. 곧 어떻게 살아가야 할지 아는 길입니다. 스스로에게 '나는 누구인가'라는 질문을 하면서 살아간다면, 우리는 가장 생산적인 삶을 살 수 있고 진정 행복하게 살아갈 수 있을 것입니다.

지금 바로 여기에
깨어 있는 삶

　김수환 추기경이 생전에 남긴 마지막 노트에 이런 글이 적혀 있습니다. "나는 누구인가? 80을 넘긴 한 생을 산, 내가 새삼스럽게 이런 물음을 스스로에게 던져본다. 왜? 무엇이 나로 하여금 오늘에 이르러 남다른 삶을 살게 했는지 나름대로 알아보기 위해서다."

　법정 스님도 생전에 나에 대해 물을 것을 강조했습니다. "나는 누구인가. 자신의 속 얼굴이 드러나 보일 때까지 묻고 또 물어야 한다. 건성으로 묻지 말고 목소리 속의 목소리로 귀 속의 귀에 대고 간절하게 물어야 한다. 해답은 그 물음 속에 들어 있다. 그러나 묻지 않고는 그 해답을 이끌어낼 수 없다. 나는 누구인가. 거듭거듭 물어야 한다"라고 했습니다.

　우리는 왜 태어났는지, 어떻게 살아갈 것인지를 알기 위해 스스로에게 이런 질문을 합니다. 철학적이고 심오한 질문 같지만 누구나 할 수 있고 알 수 있는 질문이에요. 어떤 답이든 나올 수 있습니다. 답이 조금 유치하고 어리숙해도 괜찮아요. 나라는 우주는 그리 간단하고 작지 않으니까요. 하지만 우리는 알게 모르게 모범 답안을 찾고 있는 것 같아요. 나에게 맞는 답은 때때로 달라질 수 있는데 말이에요. 내가 아니라 남에게 맞춘 답을 찾으려 한다는 것이 문제예요. 서로 의지하며 함께 살아가는 세상이므로 상대방을 의식하는 건 지극히 정상적이긴 해요. 하지만 문제는 지나치다는 데 있습니다.

상대방에 대한 배려인 듯 보이나 눈치를 살피는 것일 수도 있고요. 나에게 생길 수 있는 불이익을 최소화하려는 노력인지도 모르죠. 지나친 걱정과 긴장감이 우리를 더 얼어붙게 하는 것 같아요. 내가 원하는 것에 대해 솔직하게 표현하면 안 되나요? 남들이 짜장면 시킨다고 나도 그래야 하는 건 아니잖아요. 간짜장이나 삼선짜장을 시킬 수도 있는 거 아닌가요. 남의 입장도 생각하고 내 주머니 사정도 살펴야 하지만 너무 거기에 치우치다 보면 나로 살기가 어려워집니다. 누구에게 보여주기 위한 답이 아니라 나답게 살아가기 위한 길을 찾아야 해요. 편안한 마음으로 나를 먼저 살피도록 해봐요.

이렇듯 나에 대한 물음은 나를 깨어 있게 합니다. 하지만 질문만으로 늘 깨어 있을 수 없습니다. 맑은 정신으로 지금 바로 여기 깨어 있기 위해서는 다른 움직임이 필요한데요. 간단하게 할 수 있는 명상을 소개해드리겠습니다.

첫 번째는 '감각 깨우기'입니다. '숨쉬기'와 '힘 빼기'로 쉽게 감각을 깨울 수 있습니다. 평상시에도 쉬는 숨을 그냥 지켜보면 됩니다. '숨이 이렇게 들어오고 있구나', '숨이 이렇게 머물고 있구나', '숨이 나가고 있구나' 하면서 지켜보고 알아차리는 것입니다. 들어오고 나가는 숨의 양을 점차 늘려나가면 더 효과적입니다. 이것만으로도 호흡이 원활해지고 감각이 살아납니다. 그리고 힘을 빼는 것은 긴장감을 완화하고 몸과 마음을 이완시켜주는 데 도움이 되는데요. 온몸에서 힘을 뺀다고 의식하면 힘이 빠집니다. 실제로 몸을 축 늘어뜨리면 더욱 효과가 있습니다. 특히 잠자리에서 번뇌와 망상이 많거나 두통으로 잠이 잘 안온다면 더 유용합니다. 몸에 긴장과 피로감이 쌓여서 그런 거니까요. 의식의 눈으로 머리에서부터 발끝 손끝까지 위아래로 스캔하듯이 쭉 살피는 겁니다. 숨을 크게 들이마시고 내쉴 때 몸 바깥으로 숨이 나간다고 생각하면 더 효과가 있습니다. 자연스럽게 긴장이 풀리고 피로가 사라지며 스르르 잠이 듭니다. 잠자리에서뿐만 아니라 언제 어디서나 효과를 볼 수 있습니다.

두 번째로 '이뭣고 알아차림'입니다. 어떤 상황에서건 '이 뭣고'라는 물음을 던지는 것입니다. 내 몸의 상태나 감정 또는 외부의 자극이 들어오면 '이것은 무엇인고?' 하면서 의문을 제기하는 것이죠. 모든 사건과 상황과 느낌에 의구심을 품고 있는 그대로를 지켜보고 알아차립니다. 그럼 본질이 보이기 시작합니다. 나의 고정관념에 의지하지 않고 순수한 의식에 뿌리를 두고 그대로의 모습을 관찰합니다. 명상에는 '보면 사라진다'라는 원리가 있습니다. 고통스럽고 짜증나고 무기력한 그 감정과 에너지를 있는 그대로 보면 힘을 잃고 사라집니다. 그리고 본질이 드러나는 것이죠.

마지막으로 '받아들임과 감사하기'입니다. 좋든 싫든 있는 그대로를 받아들이는 마음가짐입니다. '바다'라는 말이 모든 걸 다 받아들인다고 해서 붙여진 이름이라고 하는데요. 바다 같은 마음으로 모두 받아들이는 거예요. 그런데 잘 안 받아들여질 때가 있습니다. 나의 자존심을 건드리거나 내가 싫어하는 행동을 해서 기분 나쁘고 화나게 하는 사람이 용서가 안 될 수도 있습니다. '내가 왜 받아들여야 해?' 하는 의심과 불만이 생길 수 있습니다. 그때는 무조건 '감사하기'를 하면 됩니다. 이유를 묻지도 따지지도 말고 감사해버리는 겁니다. 모든 것을 긍정적으로 생각하고 받아들이는 것이죠. 지금 이렇게 숨을 쉴 수 있고 살아 있음에 감사하는 것이에요. 감사하는 마음이 잘 일어나지 않으면 사랑과 자비의 마음을 내는 것도 좋습니다. 미운 저 사람에게 사랑하는 마음을 내봐요. 그럼 그냥 내 마음이 편안하고 행복해집니다. 지는 게 이기는 법칙이 여기서 적용되는 것이죠. 상대방이 알아주지 않아도 괜찮습니다. 내가 이해하고 받아들이고 감사하고 사랑하면 그걸로 된 것입니다. 그러면 모든 순간순간이 행복해집니다.

7

텅 빈
마음으로
충만하게
살아갑니다

"빈 방에 홀로 앉아 있으면 모든 것이 넉넉하고 충만하다. 텅 비어 있기 때문에 가득 찼을 때보다 오히려 더 충만하다." 법정 스님의 수상록 『텅 빈 충만』의 한 구절입니다. 소유하고 있는 물건이 내 마음을 어지럽히고 수행에 방해가 된다면 없는 게 낫습니다. 그래서 법정 스님은 갖고 있는 물건 중에 없애야겠다는 결심이 서면 맨 먼저 찾아오는 사람에게 줘버리고 잊었다고 해요. 그 사람이 그 물건을 잘 쓰든 쓰지 않든지 말이에요. 스님은 소유에 대한 혁신적인 생각을 가진 인물로 방거사를 꼽았습니다.

중국 당나라에 마조 스님의 법을 이은 방거사라는 인물이 나옵니다. 엄청난 재산을 가진 부호였는데요. 어느 날 자신의 모든 재산을 배에 싣고 호수에 나가 미련 없이 버렸습니다. 그리고 조그마한 오두막에서 딸과 함께 평생 수도생활을 했습니다. 물질에 대한 집착을 버리고 철저한 비움과 내려놓음을 실천한 그는 다음과 같은 게송을 남겼습니다. "세상 사람들은 돈을 좋아하지만 나는 순간의 고요를 즐긴다. 돈은 사람의 마음을 어지럽히고, 고요 속에 본래의 내 모습이 드러난다."

많이 소유하는 것을 미덕으로 여기는 물질문명 속에서 살아가는 우리는 가쁜 숨을 쉬며 지쳐만 가는 것 같습니다. 이럴 때 과거 성현의 말씀을 듣게 되면 놓치고 있던 중요한 것들을 자각하고 스스로 돌아보게 됩니다. 비우고 버린다는 건 무슨 의미일까요? 이 세상을 살아가는 데 많은 것이 필요합니다. 그래서 많은 것을 '내 것'으로 소유하지 않으면 불안하게 되죠. 그것들을 버리고 포기하며 살아가는 것이 현명한 삶일까요? 아니면 많이 소유해야 하는 것일까요?

불교에서 치우치지 아니하는 바른 도리를 중도中道라고 합니다. 극단으로 치우친 삶은 나중에 문제가 생기기 마련이죠. 소유는 모든 것을 버릴 수도 없고 모든 것을 가질 수도 없습니다. 우리에게 적당한 소유가 무엇인지 알 수 있는 지혜가 필요합니다. 어떤 마음가짐을 갖고 살아야 하는지, 비우는 삶이란 어떤 삶인지, 한번 생각해보게 되는 대목입니다.

장이 막혀 화장실에서 볼일을 못 보면 아주 괴로워요. 그것도 문제지만 그 상태가 오래 지속되면 병이 납니다. 우리의 땀구멍 숨구멍 등 여러 가지 구멍들이 막히면 질병이 생기고 결국 죽게 됩니다. 뚫릴 곳은 뚫려 있고 열릴 곳은 열려 있어야 합니다. 그래야 그 통로를 통해 에너지도 흐르고 혈액과 공기도 흐르며 삶을 유지시켜 줍니다. 도로나 인터넷망도 마찬가지죠. 중간에 어디가 막히게 되면 흐름에 차질이 생기고 이용이 불편해집니다. 스마트폰에 앱이 많이 깔려 있거나 다운받은 콘텐츠가 많으면 용량 초과로 속도도 느려지고 사용에 불편을 겪게 되는 것도 같은 이치입니다. 우리들 머

있는
그대로
나답게

릿속에도 이런저런 생각이 많으면 정작 좋은 생각이 빛을 못 냅니다. 오히려 맑은 정신에서 별 생각이 없는 가운데 일어나는 한 생각이 더 쓸모 있는 법입니다.

우리 삶 속에서 텅 비어 있는 상태는 생존과 번영 그리고 영속을 위해 반드시 필요합니다. 불교에서는 이것을 공^空이라고 합니다. 텅 비어 있지만 아무것도 없는 것이 아니라 무언가 의미 있는 것들로 꽉 차 있는 상태예요. 텅 비었지만 충만한 상태, 공을 체험하고 유지하기 위해서는 어떻게 해야 할까요? 불교에서 가르치는 보편적인 방법을 살펴보겠습니다.

지관겸수止觀兼修와 정혜쌍수定慧雙修로써 부지런히 정진해야 합니다. 지관겸수는 그치고 관찰한다는 의미입니다. 그치는 지止 수련과 보는 관觀 수련을 겸해서 닦는다(兼修)는 뜻이죠. 그리고 정혜쌍수는 지관겸수의 결과에 해당합니다. 선정을 의미하는 정定과 슬기로움을 의미하는 혜慧를 쌍으로 닦는다(雙修)는 뜻이에요.

다시 말하면, 지止와 정定은 멈추고 집중하는 수련입니다. 호흡이나 관찰 대상에 집중하면 번뇌 망상이 사라지고 마음이 고요한 상태가 됩니다. 관觀과 혜慧는 관찰하는 수련입니다. 내 몸과 마음과 느낌 등 나타나는 현상을 객관적으로 바라봄으로써 지혜가 자라는 상태예요.

집중명상의 구체적인 방법으로는 청정도론淸淨道論 내용과 오정심관五停心觀으로 알려져 있습니다. 청정도론에서는 호흡과 몸과 마음을 비롯해 40가지 주제에 대해 집중하는 방법이 소개되어 있어요. 한국 불교에서는 전통적으로 오정심관이라 하여 다섯 가지 번뇌의 장애를 가라앉히는 명상법으로 부정관, 자애, 연기관, 요소 구별, 호흡 명상 등이 전해집니다.

　관찰 명상의 구체적인 방법인 마음챙김 명상은 네 가지 대상을 관찰하는 사념처四念處 수련법입니다. 관찰 대상으로 몸(身)·느낌(受)·마음(心)·현상(法) 등 네 가지가 있습니다. 몸을 관하는 것을 신념처身念處라고 하는데, 열네 가지 육체적인 현상에 대한 마음챙김입니다. 느낌에 대한 마음챙김을 수념처受念處라 하여 고苦와 락樂 그리고 불고불락不苦不樂의 세 가지 느낌(感受)에 대한 마음챙김입니다. 마음 현상에 대한 마음챙김을 심념처心念處라고 하며 열여섯 가지 마음 상태를 관찰합니다. 마지막으로 법념처法念處는 깨달음을 위한 최종 상태인데요. 육체적·정신적 현상을 포함한 우주 삼라만상의 이치를 깨닫는 궁극적인 마음챙김입니다. 이러한 집중과 관찰 명상을 통해 텅 빈 충만감을 느낄 수 있습니다.

　위에 소개한 사념처 수행에 대해서는 『염처경念處經』에 나와 있습니다. 깨달음에 이르는 길을 소개하고 있습니다. "중생의 마음을 깨끗이 하고 걱정과 두려움에서 건지며, 고뇌와 슬픔을 없애고 바른 법을 얻게 하는 뛰어난 길이 있다. 그것은 곧 사념처법四念處法이다. 과거 모든 여래(붓다)도 이 법에 의해 최상의 열반을 얻었고, 현재와 미래의 여래도 이 법으로 열반을 얻을 것이다." 여기서 열반이란 온갖 번뇌와 갈등이 사라져 평온하고 청정하게 된 깨달음의 경지를 가리키는 말입니다.

앞서 설명한 어려운 수행법이 아니어도 일상생활에서 쉽게 공을 체험할 수 있습니다. 차를 마시거나 찜질을 하면 마음이 편안해지죠. 청소를 하면 내 마음도 가지런히 정돈이 된 것 같은 기분이 듭니다. 목욕을 하면 내 마음도 깨끗하게 씻긴 듯하고요. 뭔가 가벼워지거나 편안하고 깨끗한 상태도 일상생활에서의 공이라고 할 수 있습니다.

무언가를 버리거나 내려놓는 것은 쉬운 일이 아닙니다. 용기와 결심이 필요하지요. 잃었을 때 생길 수 있는 허전함과 아쉬움을 감당해야 합니다. 그러나 잃는 것보다 더 크고 가치 있는 것을 얻을 수 있음을 기억하면 좋겠습니다. 하고자 하는 일이 뜻대로 안 되고 뭔가 답답하다면 무언가를 비우거나 버려야 할 때입니다. 불필요한 것들을 과감하게 날려버리고 새롭게 시작해보는 건 어떨까요?

법정 스님의 글이 떠오릅니다.

"때가 지나도 떨어질 줄 모르고 매달려 있는 잎들이 보기가 민망스럽다. 때가 되면 미련 없이 산뜻하게 질 수 있어야 한다. 그래야 빈자리에 새 봄이 움이 틀 것이다. 꽃은 필 때도 아름다워야 하지만, 질 때도 또한 아름다워야 한다. 왜냐하면 지는 꽃도 또한 꽃이기 때문이다. 죽음을 생의 종말로만 생각한다면 막막하다. 그러나 죽음을 새로운 생의 시작으로도 볼 줄 안다면 생명의 질서인 죽음 앞에 보다 담담해질 것이다."

텅 빈 마음으로
충만하게
살아갑니다

집착하는 마음은
사랑이 아닙니다

요즘 전 세계적으로 미투 운동이 활발히 일어나고 있습니다. 성희롱과 성추행, 성폭행 등의 피해를 겪은 사람이 소셜 미디어에 #미투#MeToo라는 해시태그를 입력하는데요. 자신의 피해 경험을 공개함으로써 입장을 표명하는 것인데 사회적인 영향력을 발휘하고 있습니다. 수많은 저명인사를 포함해 많은 사람이 자신의 경험을 밝히며 미투 운동에 동참했고 전 세계적으로 퍼졌습니다. 더불어 미투 운동에 성원과 지지를 보낸다는 의미로 #위드유#WithYou라는 태그를 다는 운동도 일어나고 있습니다. 미투 운동은 보통의 사회현상과는 조금 다릅니다. 사랑과 권력에 대한 원천적인 구조와 문제를 다루고 있기 때문이죠. 사랑에 대한 왜곡과 인간관계에서 잘못된 관행의 문제가 수면 위로 떠오른 것인데요.

사실 사랑 그 자체는 아름답고 고귀합니다. 하지만 관계에서 문제가 생기면 아픔의 원인이 되기도 합니다. 사랑하는 대상에게 무리한 것을 요구하거나 상대가 원하지 않는 방식으로 대한다면 그것은 사랑의 탈을 쓴 폭력과 다름없겠죠. 요즘 '데이트 폭력'도 사회적 이슈가 되고 있습니다. 미혼의 연인 사이에서 나타나는 폭력이나 위협을 말하는데요. 언어폭력으로 인격을 모독하는 경우도 많고 정신적인 압박이나 물리적인 행동으로 권력관계에서 우위를 차지하려는 경향이 나타납니다. 형태와 성질에 따라 물리적·감정적·정신적·성적인 데이트 폭력과 통제권력적 행동으로 구분됩니다. 연인이라는 관계가 친밀하기 때문에 그 특성상 지속적이고 반복적으로 발생하는 경우가 많습니다.

'미투 운동'과 '데이트 폭력'이라는 이슈를 두고 원천적인 질문을 해봤습니다. 아름다운 사랑이 왜 가치 전락해 많은 사람을 슬프게 하는지를요. 사랑이 가진 본질과 그것을 둘러싼 오해에 대한 생각을 하게 됐습니다.

진정으로 상대를 사랑한다면 더 아끼고 존중하는 게 맞습니다. 하지만 자기중심적으로 생각하고 상대방을 배려하지 않는 태도에서 문제가 발생합니다. 우리의 인격은 아직 완전히 성숙치 않았고 사랑도 익어가는 중입니다. 우리는 더 온전해지고 행복해지기를 추구하는 미성숙한 존재입니다. 만일 자신의 미성숙함을 인정하고 인격과 사랑의 부족함을 절감한다면 상대방에게 함부로 대할 수 없을 것입니다. 겸손한 마음에서 부족한 것을 채워간다면 우리는 서로 조화를 이루면서 살아갈 수 있습니다. 하지만 자기가 갖고 있는 물리적·사회적 지위와 힘으로 사랑을 강제적으로 획득하고 소유하려고 하면 문제가 발생합니다. 상대방을 제압하고 일방적으로 다스리려고 해

텅 빈 마음으로
충만하게
살아갑니다

서는 안 됩니다. 그것은 사랑이 아니라 욕심이고 폭력이기 때문이죠. 욕심과 불만족으로 생긴 집착이며 자기중심적이며 미성숙한 인격일 뿐입니다. 자신의 힘을 무기로 상대방을 좌지우지하는 것은 사랑이 아닙니다. 우리 모두는 존엄성을 가진 인간으로서 나의 욕구와 인격이 중요한 만큼 상대방도 그렇다는 것을 인정해줘야 합니다.

많은 사람이 사랑과 집착을 혼동합니다. 집착은 사랑이 아니라 이기적인 욕구일 뿐인데요. 이기적인 욕구를 사랑으로 잘못 이해하고 있는 것이죠. 사랑의 왜곡이 집착입니다. 자신의 힘으로 일방적으로 상대방의 사랑을 요구하는 것이죠. 온전한 사랑은 아낌없이 주고 대가를 바라지 않는 것입니다. 하지만 사랑이 지속되기 위해서는 동력이 필요하고 연료가 공급돼야 합니다. 이 연료는 내 안에도 있고 상대에게도 있습니다. 상대가 주는 반응과 사랑을 에너지로 삼거나 내 안의 근원적 힘에 의지할 수도 있습니다.

위대한 성인들은 사람들에게 가르침을 주고 무한한 사랑을 나눠 줬습니다. 사람들을 위해 선을 베풀고 무한히 사랑할 수 있는 원동력은 무엇이었을까요? 기도와 수행을 통한 자기 안의 원천적인 에너지원이 있지 않고서는 불가능합니다. 그것은 위대한 성인만 가능한 게 아닙니다. 우리도 내면에 있는 사랑의 원천적 물줄기를 찾으면 됩니다. 모든 사람 안에는 생명적 원천이 있습니다. 이것은 우리의 행복과도 직결됩니다. 그래서 우리는 학문을 하고 철학을 하고 명상과 기도를 하며 내 안의 무한한 사랑과 에너지를 찾아가고 있는 것입니다.

많은 깨달은 존재는 하나같이 참된 사랑은 주는 것이지 받는 것이 아니라고 했습니다. 물론 서로가 주고받을 수 있어야겠지만, 사랑은 본래 줄수록 더욱 맑고 투명하고 넉넉해지는 것이기 때문입니다. 그러나 받으려고만 하면 더욱 큰 것을 원하는 이기적인 욕구가 따르기 때문에 사랑에 대한 갈증을 해소할 수 없습니다. 주는 사랑에는 집착이 있을 수 없겠지요. 그러나 자꾸 받기만을 원하다 보면 사람의 마음이 강퍅해지고 무뎌지며 오만과 불만과 괴로움이 따르게 됩니다.

괴로움의 뿌리를 살펴보면 거기에는 대개 집착이 도사리고 있습니다. 따라서 집착이 없으면 괴로움이 없습니다. 사랑 없이 살아갈 수 있는 사람은 없습니다. 우리 존재가 그걸 증명합니다. 부모님의 사랑 없이 태어난 생명은 아무도 없기 때문입니다. 우리는 생존의 본능과 더불어 함께 살아가기 위한 사랑도 지녔습니다. 사랑은 우리를 살아 있게 하는 원동력이며 존재 이유입니다.

균형 잡힌 삶이
웰빙입니다

21세기에 들어 자본과 물질을 중요시하는 세태 속에서 웰빙이라는 트렌드가 등장했습니다. 현대 산업사회가 양산하는 여러 가지 병폐를 막고 건강하고 행복한 삶을 추구하는 것입니다. 세계보건기구에서 정의한 건강의 의미처럼 '단순히 질병이나 허약함이 없는 상태가 아니라 신체적·정신적·사회적으로 완전한 안녕 상태'를 추구합니다. 즉 나답게 살고, 잘 먹고 잘 살며 삶의 질을 향상시키는 삶입니다. 하지만 우후죽순처럼 생겨난 웰빙 관련 상품과 콘텐츠가 너무 상업적이라는 지적도 있습니다. 다이어트나 건강, 미용을 위한 측면으로 기울어져 있어요. 그로 말미암아 진정한 웰빙의 가치가 손상되고 있습니다.

무엇이 진정한 웰빙인지 그 의미를 다시 생각해보게 됩니다. 웰빙이란 '잘 있고 잘 존재한다'는 뜻으로, 즉 '잘 살아가는 삶'을 의미합니다. 사실 우리는 일상생활에서 인사를 할 때 늘 웰빙에 대해 묻고 답합니다. 서로 만나고 헤어질 때 안녕함을 묻지 않던가요? 만났을 때에는 '안녕하세요', 헤어질 때에는 '안녕히 계세요'라는 인사

있는
그대로
나답게

를 합니다. '안녕하다'는 것은 평안한 상태이며 그것이 곧 웰빙이기 때문이죠. 일상에서는 잘 먹고, 잘 자고, 잘 쉬면서 잘 가꾸며, 즐겁게 살아가는 거예요. 여기서 잘한다는 의미는 어떤 목표 달성이나 성취가 아닙니다.

진정한 웰빙은 무언가를 얻는 것이기보다는 본래 존재하고 있는 것의 가치와 의미를 깨닫고 알아차리는 것이며 온전히 받아들이는 것입니다. 존재와 행위 그 자체로 느끼는 만족감과 평온함입니다. 우리는 존재만으로 완전합니다. 그래서 완벽하지 않아도 괜찮습니다. 완벽해야 한다는 강박관념에서 벗어나 '있는 그대로'의 충만한 삶을 살아가면 됩니다.

이것을 느끼고 우리가 완전한 존재임을 알기 위해서는 먼저 감각이 깨어나야 합니다. 오감과 순수의식이 깨어나야 합니다. 들어오는 숨과 머무는 숨, 그리고 나가는 숨을 느끼고 알아차리면서 감각이 깨어납니다. 그리고 몸의 움직임과 피부의 촉감, 세세한 감정 상태와 변화를 알고 느낄 수 있습니다. 깨어난 감각과 순수의식에서 내 존재 자체를 온전히 받아들일 수 있습니다.

웰빙은 또한 균형 잡힌 삶을 의미합니다. 최근 들어 일과 삶의 균형을 의미하는 '워라밸Work and Life Balance'이라는 말이 생겼는데요. 잦은 야근에 근로시간까지 길어지면서 직장인들의 삶이 너무 지치고 힘들어졌습니다. 요즘 취준생(취업 준비생)은 높은 급여를 위해 몸과 마음을 혹사시키기보다 삶의 질을 추구하는 경향으로 바뀌었습니다. 오죽하면 퇴준생(퇴사 준비생)이란 말까지 등장했겠어요. 구직자 3,000명을 대상으로 한 설문조사에 따르면 10명 중 7명이 높은 연봉보다 워라밸을 더 중시한다고 밝혔습니다. 서울대 김난도 교수는『트렌드 코리아』에서 1988년~1994년에 태어난 20대 직장인을 '워라밸 세대'라고 분류하며 사회적으로 미치는 영향력도 클 것으로 전망했습니다.

미국 프린스턴 대학교 다니엘 카네만 교수는 "연간 수입이 약 1,800만 원 이상이면 수입이 증가하는 만큼 행복지수가 높아지지는 않는다"라고 밝혔습니다. 또한, 영국 워릭대 오스왈드 교수는 우정의 빈자리를 돈으로 메우려면 약 9천만 원이 필요하다고 주장했습니다. 살아가기 위해서 어느 정도의 물질이 필요한 것은 사실이지만 그것이 행복의 절대 기준은 될 수 없겠죠.

건강한 삶을 위해서는『중용』에서 말하는 균형의 상태가 필수적입니다. 동양의학에서는 건강의 근본을 균형으로 봅니다. 넘치면 빼주고 모자라면 채워줘야 합니다. 보편적으로 한약을 달여주는 것은 채워주는 것이고 침과 뜸을 사용하는 것은 빼주는 겁니다. 물론 약재를 어떤 것으로 쓰느냐에 따라 기운을 빼줄 수도 있고, 침과 뜸을 어떤 자리에 어떻게 놓느냐에 따라 달라지기도 합니다.

약 2000년 전에 쓰인『황제내경』에는 침과 뜸을 시술할 때 보사補瀉 이론을 제시했습니다. 기운을 채워주는 보법과 빼주는 사법을 적절히 씀으로써 체내의 부조화를 바로잡아 에너지의 균형을 맞추는 것이죠. 따라서 넘치거나 모자라지 않게 중용을 적절하게 유지하는 것이 곧 건강의 첩경입니다.

동양철학자 박재희는 인간은 중용을 통해 완벽한 삶을 구현할 수

있는
그대로
나답게

있다며 세 가지 원칙을 말합니다. 첫 번째는 평형성입니다. 완벽한 자기 평형을 갖는다는 뜻인데요. 서양 사람들은 중용을 '황금 비율' 이라는 뜻으로 번역했습니다. 그 상황에서 가장 적절한 솔루션을 찾는 것이 중용이라는 것입니다. 두 번째는 역동성입니다. 중용은 멈춘 것이 아니라 살아서 움직인다는 의미입니다. 늘 생생하고 다이내믹하게 살아 있습니다. 마치 배가 바다를 항해할 때 파도 속에서 좌우로 왔다 갔다 하는 가운데 자기 중심을 잡고 나아가는 것과 같습니다. 세 번째는 지속성입니다. 즉 평형감각을 유지하면서 생명력이 지속되는 상태입니다. 따라서 삶의 균형을 잡기 위해선 중용의 3대 원칙이 담긴 다음과 같은 질문이 필요합니다.

평형성: 나는 지금 가장 합당한 나의 중심을 잡고 있는가?
역동성: 그 중심은 상황에 따라 유연하게 움직이고 있는가?
지속성: 나는 그런 균형 잡힌 삶을 지속적으로 유지하고 있는가?

중용의 원칙을 중심으로 살아갈 수 있다면 우리의 삶은 행복할 것입니다. 다만 고려해야 할 한 가지가 더 있습니다. 나 혼자만의 행복만으로는 부족하다는 것이죠. 우리는 태어나면서부터 혼자가 아니었고 죽을 때까지 누군가와 함께 살아갑니다. 그 관계에서 오는 삶의 만족과 웰빙도 매우 중요합니다. 일단 내 개인의 삶이 안정되고 행복하다면 함께 살아가는 삶도 원만할 가능성이 높을 것입니다. 하지만 늘 보장되는 것은 아님을 간과해서는 안 됩니다.

우리들은 서로
연결되어 있습니다

행복 연구가 댄 길버트 교수는 자신의 연구를 통해 사회적 관계가 행복의 필수 요소임을 밝히고 있습니다. "내가 당신의 행복을 예측하고 싶다면, 단 한 가지만 알면 된다. 나는 당신이 남성인지 여성인지, 종교가 무엇인지, 건강과 수입은 어떤지에 대해 알고 싶지 않다. 단지 당신의 사회적 연결망, 즉 당신의 친구와 가족 그리고 그들과의 연결 강도가 어떤지만 알면 된다"라는 것이죠. 그는 행복의 원인에 대한 모든 과학적 내용을 한 단어로 요약하면 '인간관계'라고 했습니다. 가까운 사람과의 관계가 얼마나 돈독한지 알면 그 사람이 행복한지 아닌지 알 수 있다는 것인데요.

사실 사회적 관계가 원만해지기 위해서는 나 자신의 자존감이 어느 정도 건강한 상태여야 합니다. 타인에게 지나치게 의존하지 않아야 하는 것이죠. 자신에 대한 신뢰가 부족한 사람은 타인에 대해서도 잘 믿지 못함과 동시에 의존하는 경향을 보입니다. 따라서 자기 스스로 설 수 있는 힘을 가져야만 다른 사람들과의 관계도 원활할 수 있습니다. 나의 건강과 심리상태가 나빠도 사회적 관계는 약화됩니다. 그러므로 운동과 명상 등 자기 관리를 통해 자기 자신의 온전함을 회복하면 타인과 맺는 관계성도 자연스럽게 좋아집니다.

댄 길버트 교수는 한 번 더 힘주어 말합니다.

"중요한 일은 명상, 운동, 충분한 수면 등 단순한 행동을 성실하게 하고 이타성을 실천하는 것이다. 그리고 당신의 사회적 연결을 가꿔라."

사랑과 에너지는 자기로부터 시작되지만 나에게서 끝나지 않습니다. 결국 나의 온전함은 타인에 대한 친절과 이타심으로 이어질 테니까요. 자존감을 바탕으로 균형 잡힌 삶을 살아가고 사람들과의 관계를 원만하게 이어가면 행복한 삶이 보장됩니다. 여기에 중요한 한 가지가 더 있습니다. 행복감은 크기는 작더라도 자주 느낄수록 좋다는 것입니다. 하지만 우리는 한두 개의 큰 사건이 우리 삶을 엄청나게 바꿔놓을 거라고 오해하고 있습니다.

심리학자 에드 디에너는 "긍정적 경험의 강도보다는 빈도가 행복에 훨씬 더 많은 영향을 준다"는 사실을 발견했습니다. 행복은 수백 개의 조그만 사건이 모여 하나를 이루는 것이죠. 하지만 우리는 유명 배우와 사랑을 나누거나 명예로운 상을 받거나 비싼 차나 집을 사는 등 강렬한 사건이 있어야 행복할 수 있다고 생각하는 경향이 있습니다. 에드 디에너는 행복한 경험의 크기보다 행복한 경험의 횟수가 더 중요하다는 사실을 연구 결과로 보여줬습니다. 다시 말해 사소하지만 기쁜 일을 하루에 수십 번씩 경험하는 사람은 매우 기쁜 일을 가

텅 빈 마음으로
충만하게
살아갑니다

끔 경험하는 사람보다 행복할 가능성이 높다는 것이죠. 아주 간단한 것들 있잖아요. 편안한 신발을 신는다거나 좋아하는 음악을 듣는다거나 아내에게 진하게 키스 한 번 해주거나 남 몰래 혼자 맛있는 음식을 먹는다거나 여러 가지 사소한 행동을 하라는 것입니다. 별것 아닌 것처럼 느껴질지 모르지만 그런 일이 훨씬 효과적입니다.

에드 디에너 교수는 이렇게 말합니다.

"행복을 얻기 위한 노력은 다이어트와 비슷하다. 다이어트를 하는 사람은 즉각적으로 살을 빼줄 마법의 약을 원한다. 그러나 그런 것은 이 세상 어디에도 없다. 살을 어떻게 빼야 하는지는 우리 모두가 잘 안다. 먹는 양을 줄이고 운동을 더 하면 된다. 먹는 걸 너무 많이 줄이거나 운동을 너무 많이 할 필요는 없다. 그저 일관성을 유지하는 게 중요하다. 그렇게 시간이 지나다 보면 노력이 점차 쌓여 효과를 발휘한다. 행복도 마찬가지다. 행복을 가져오는 것들은 뻔하고 사소하며 많은 시간을 필요로 하지도 않는다. 그러나 매일 꾸준히 해야 결실을 맺을 수 있다. 그렇다면 더 많이 행복해지기 위해 우리가 해야 할 사소한 일들은 무엇인가? 적게 먹고 많이 운동하라는 말만큼 당연한 대답이다."

특히 남을 위해 선행을 베풀고 봉사하는 것은 행복을 위한 가장 확실한 방법입니다. 노숙자 쉼터에서 봉사활동을 할 수도 있습니다. 노숙자들에게는 도움이 될 수도 있고 아닐 수도 있지만 자기 자신에게는 반드시 큰 도움이 될 것입니다. 그리고 주변의 인간관계의 개선을 위해 애써야 합니다. 일주일에 한두 번이라도 고마운 점을 떠올려보고 고맙다고 이야기하는 겁니다. 사소한 것 같지만, 그 사람과의 인간관계는 좋아지고 행복해질 것입니다. 행복의 비결은 다이어트와 같습니다. 그건 바로 특별한 비결이 없다는 점이에요. 작더라도 하나씩 실천하는 게 제일입니다.

자비의 마음으로
사랑을 나눕니다

이 세상의 모든 존재는 연결되어 있습니다. 우리가 인식하든 못하든 관계가 맺어져 있지요. 나와 연결된 존재에 관심을 가질 때 비로소 관계는 의미로 다가옵니다. 하루에 만나는 사람이 아무리 많아도 의미 있게 여겨지는 사람은 그리 많지 않습니다. 하지만 특별히 관심이 가고 마음이 써지는 사람과의 관계는 의미가 있습니다. 만나고 나면 기분이 안 좋고 기운이 빠지는 사람이 있는가 하면 같은 공간 안에 있는 것만으로도 좋고 기운이 나는 사람이 있습니다. 누구를 만나느냐에 따라, 만나는 그 사람과 관계를 어떻게 맺어가느냐에 따라 삶의 만족도가 달라집니다. 행복과 불행은 대부분 관계의 원만함과 불편함에서 오기 때문이죠.

불교에서는 '사랑하는 사람과 이별하는 고통'과 '미워하는 사람과 만나는 고통'이 가장 큰 고통이라고 말합니다. 거꾸로 생각하면 '사랑하는 사람과 함께 있을 때'와 '미워하는 사람과 떨어져 있을 때'는 가장 기쁜 순간입니다. 만남의 지혜를 통해 고통을 줄이고 기쁨을 늘리는 작은 노력은 행복한 삶에 큰 변화를 가져다줍니다. 어떤 사람과 함께하느냐가 행복과 불행을 결정하는 중요한 요소이기 때문이죠. 행복감을 증장시키는 사람을 벗이라고 합니다. 나이, 성별, 배경에 상관없이 그냥 편안하고 좋은 사람이면 됩니다. 붓다의 전생 이야기인 『본생담本生譚』에서는 벗의 중요성을 다음과 같이 말했습니다.

"벗의 존재는 어려움에 처했을 때 가장 큰 도움이 된다. 벗은 자신에게 어울리는 힘인 만큼, 지금 일어난 고통을 없애주고 편안하게 해주기 때문이다. 누구든지 일곱 걸음을 함께 걸으면 벗이 되고, 12일을 함께 머물면 가까운 벗이 된다. 한 달이나 보름만 함께 지내면 가족처럼 되고, 그 이상 함께 살면 자신과도 같다."

함께 있을 때 편안하고 오래 머물 수 있으면 좋은 벗입니다. 마음을 나눌 수 있는 벗이 있으므로 기쁠 때 같이 기쁘고, 슬플 때 함께 슬퍼할 수 있으면 얼마나 좋을까요?

달라이 라마는 "변치 않는 관계를 만들기 위해서는 애정과 자비심 그리고 서로 존중하는 마음으로 관계를 맺어야 한다. 그럴 때 우리는 연인이나 배우자뿐 아니라 친구와 친척, 낯선 사람과도 깊고 의미 있는 관계를 맺을 수 있다"라고 했습니다.

내 마음에 자비심이 있어야 좋은 인연이 만들어지고 오랫동안 유지할 수 있다는 것입니다. 자비심이 생기는 이치에 대해 달라이 라마는 이렇게 말합니다.

"자비심을 일으키려면, 먼저 당신이 고통을 원치 않으며 행복해질 권리를 갖고 있음을 인정하는 것에서부터 출발해야 합니다. 그것은

텅 빈 마음으로
충만하게
살아갑니다

당신 자신의 경험을 통해 분명히 알 수 있는 것입니다. 다음으로 당신은 다른 사람들도 당신처럼 고통을 원치 않으며 행복해질 권리를 갖고 있음을 인정해야 합니다. 이런 마음가짐은 당신이 자비심을 키우는 출발점이 됩니다."

내 마음이 힘들고 짜증나 있는데 어떤 사람이 나와 함께 있는 것을 좋아할까요? 저 사람이 밉고 함께 있고 싶지 않은데 저 사람이 나와 함께하기를 원할까요? 우리들은 모두 본능적으로 나에게 필요한 것을 끌어당기는 능력이 있습니다. 함께 있으면 좋은 사람이 누구인지 식별할 수 있는 감각도 있고요. 자석의 다른 극이 붙고 같은 극이 떨어지듯이 코드가 맞는 사람은 저절로 엉겨 붙고 안 맞는 사람은 어긋날 수밖에 없습니다.

따라서 내가 어떤 마음을 품고 있으면 그 마음에 맞는 주파수가 공명을 일으킵니다. 마음의 파장이 서로 잘 맞으면 에너지가 중첩되어 더 크게 진동합니다. 서로 안 맞으면 상쇄되어서 진동은 멈추고 에너지는 소멸합니다. 내 안에 자비심이 있으면 그 자비심을 필요로 하는 상대에게 반응합니다. 우리는 감정과 사랑의 에너지를 먹어야 살 수 있는 존재이니까요. 나를 필요로 하는 존재가 끌려옵니다. 나도 역시 내가 필요로 하는 에너지를 갖고 있는 존재에게 끌려갑니다. 두 존재가 필요로 하는 에너지가 서로에게 있을 때 이 만남은 더 빨리 이루어지며 그 만남은 오래갑니다.

나를 사랑해야
남도 사랑할 수 있습니다

　자비심은 순수만 마음의 성품인 '자비희사慈悲喜捨' 중에 자慈와 비悲가 합쳐진 말입니다. 자는 사랑하는 마음을 가지고 사람들에게 즐거움을 주는 것이고요. 비는 불쌍히 여기는 마음을 가지고 사람들의 고통을 없애주는 사랑입니다. 자비를 실천할 때 우리는 나만을 위하는 탐욕에서 벗어나고 질투심과 분노를 극복할 수 있습니다. 나를 위해서 무언가 해줄 수 있고 누구도 미워하지 않는 마음은 고통스러울 이유가 없습니다. 아무런 조건 없이 내 마음이 자비로 넘칠 때, 이유 없이 그냥 사랑할 때 우리는 무한한 행복에 젖어 듭니다. 모든 것에 감사할 수 있습니다.

　자비심이 커질 때 먼저 자신이 고통에서 해방되길 바랍니다. 내가 먼저 자유롭고 행복해지기를 간절히 바랍니다. 그 마음이 더 커지면 다른 사람과 모든 존재를 품을 수 있습니다. 그런데 자비심에는 두 종류가 있습니다. 집착이 섞인 거짓된 자비심과 집착에서 벗어난 진정한 자비심입니다. 바탕에 집착과 욕심이 있으면 처음에는 친밀감을 느끼다가 나에게 불리하거나 화가 나는 상황이 되면 미워하는 마음이 생깁니다. 집착과 욕심이 없으면 다른 사람도 나와 마찬가지로 고통을 극복하고 행복하고자 하는 본질적인 소망과 권리가 있다고 이해합니다. 남들도 나와 소망이 같다는 것을 알면 자연스럽게 친밀해집니다. 나와 남이 다르지 않다는 생각, 상대방의 기본적인 권리를 존중하는 마음에서 진정한 자비심이 생겨납니다.

그리고 다른 사람들의 고통을 느끼고 이해할수록 자비심이 더 커지는데요. 타인의 고통을 처음 느낄 때는 불편할 수 있습니다. 그러나 차츰 달라집니다. 불편한 마음 바탕에는 결단력 있고 깨어 있는 정신이 있습니다. 지금보다 더 높은 목적을 위해 자발적으로 남의 고통을 받아들였기 때문입니다. 그 순간 나는 그 사람과 연결된 것을 느끼고 기꺼이 손을 뻗으려는 마음과 활력이 생깁니다.

『천수경』에서는 이러한 상태를 무위심내기비심無爲心內起悲心이라고 했습니다. 일체의 인위적인 것 없이 자연스럽게 일어나는 자비의 마음입니다. 이기심을 가진 인간이 어떻게 아무 조건 없이 자비로운 마음을 낼 수 있을까요? 보통 이기심으로는 불가능합니다. 남을 위함이 나에게 도움이 된다는 것을 온몸의 세포가 느낄 정도로 절실해야 합니다. 지극히 나를 위하는 사람이 진실로 남을 위할 수 있는 법입니다. 『화엄경』에서 말하는 자리이타自利利他가 이것입니다. 남을 이롭게 하는 것이 나를 이롭게 한다는 뜻입니다.

예로부터 자식 입에 밥 들어가는 모습만 봐도 배부르다고 했습니다. 부모가 돼봐야 이 말뜻의 의미를 알 수 있을 것입니다. 내 입에 들어가는 것도 아닌데 어떻게 배가 부를 수 있는지, 부모의 마음에서는 모두 이해할 수 있겠죠. 이처럼 남을 위하는 것이 나를 위하는 것처럼 느낄 수 있으려면 나와 직접적인 인연의 끈이 없는 사람이 자식처럼 느껴져야 합니다.

그래서 진정한 수행자는 지혜만 계발하는 것이 아니라 자비도 함께 계발합니다. 수행을 하다 보면 전에 없었던 통찰력이 생기고 특별한 능력이나 지혜가 생깁니다. 그러나 그것만 있어서는 반쪽짜리 깨달음밖에 안 됩니다. 인류를 긍휼하게 여기며 사랑하는 마음이 있어야 합니다. 부모가 자식을 생각하는 그 마음처럼요. 그래서 붓다를 지혜와 복덕을 모두 갖춘 분이라고 합니다. 복덕福德은 자비로운 덕행으로 많은 복을 갖췄으며 사람들에게 복을 나눠준다는 의미입니다. 달라이 라마는 이렇게 설명합니다.

"자리이타는 자기를 희생하면서 다른 사람을 돕는다는 뜻이 아니다. 지혜로운 사람들은 궁극적 깨달음을 성취하는 목표에 전적으로 집중한다. 그 목표를 이타적인 마음인 자비심을 키워 이룩한다. 자신의 목표를 성취하는 최상의 길이 이타적인 사람이고, 그 행동이 자기에게 가장 큰 축복으로 돌아온다."

자리이타는 자비로운 마음입니다. 내 마음이 사랑과 자비로 충만하면 미워하는 마음이 저절로 사라집니다. 그 자리에 연민을 느끼고 기쁨을 공감하며 치우침 없는 마음이 드러납니다. 자비심이 자연스러워지기 전까지는 자기 나름의 애씀과 수행이 필요한데요. 붓다고사 스님의 『청정도론』을 보면, 제일 먼저 자비의 대상으로 삼아야 할

텅 빈 마음으로
충만하게
살아갑니다

사람은 자기 자신입니다. 자기 자신에게 충만한 자비심이 있어야 그 마음을 나눌 수 있다는 것이에요. 내가 금전적으로 충분해야 남에게 금전적 도움을 줄 수 있는 것과 동일한 원리입니다. 그래서 먼저 자기 안에 자비심을 가득 채우고 난 뒤 다른 사람에게 나아가야 한다고 합니다. 그렇지 않은 상태에서 주는 자비는 내 욕심에 근거한 거짓 자비일 수 있습니다. 자기 자신에 대한 자비심을 키운 후에는 존경하는 스승이나 좋아하는 친구에 대해 자비의 마음을 냅니다. 그다음에는 좋아하지도 미워하지도 않는 사람에게, 마지막으로 미워하는 사람에게 자비심을 냅니다.

자비심을 꾸준히 계발하는 사람은 모든 집착과 욕심이 무너지고 번뇌가 사라집니다. 편안하게 잠들고 편안하게 깨어나며 악몽을 꾸지 않습니다. 많은 사람과 모든 존재로부터 사랑받으며 보호받습니다. 자비심을 키우기 위해서 활용할 수 있는 가장 쉽고 빠른 방법은 아래의 문구를 소리내어 말하거나 속으로 생각하는 것입니다.

부디 내가 원한이 없기를!
부디 내가 악의가 없기를!
부디 내가 근심이 없기를!
부디 내가 행복하게 살기를!"

너무 길다 싶으면 줄여서 해도 됩니다.

있는
그대로
나답게

부디 내가 행복하기를, 고통이 없기를!

이렇게 자기 자신을 위해 자비의 마음을 내다 보면 내 안에 자비심이 커집니다. 그다음에는 위 문구의 대상을 순차적으로 바꾸면 됩니다. '존경하는 스승이나 좋아하는 친구', '좋아하지도 미워하지도 않는 사람', '미워하는 사람'에게 자비심을 냅니다. 이 모든 것을 포함하는 단 하나의 주문이 있습니다. 편안한 마음으로 입가에 미소를 머금고 가슴에 집중하며 말해봅니다.

부디 나와 모든 존재가 행복하기를, 고통이 없기를!

텅 빈 마음으로
충만하게
살아갑니다

진정한 사랑과 삶에 대하여

"사랑은 오래 참고, 사랑은 온유하며, 시기하지 아니하며, 사랑은 자랑하지 아니하며, 교만하지 아니하며, 무례히 행하지 아니하며, 자기의 유익을 구하지 아니하며, 성내지 아니하며, 악한 것을 생각하지 아니하며, 불의를 기뻐하지 아니하며, 진리와 함께 기뻐하고, 모든 것을 참으며, 모든 것을 믿으며, 모든 것을 바라며, 모든 것을 견디느니라."

신약성경의 『고린도전서』에 나오는 구절입니다. 사랑에 대한 의미와 느낌을 잘 정리해놓은 말씀인 것 같아요.

젊은 청춘들의 사랑을 보고 "사랑이 무슨 밥 먹여주냐?"라고 충고를 해주는 경우가 있습니다. 삶의 우여곡절을 겪은 어른들이 부질없는 사랑에 목숨 거는 젊은이들에게 안타까운 마음에서 하는 말씀일지도 모릅니다. 맞는 말씀입니다. 사랑은 밥벌이의 수단이 아니지요. 자기의 유익을 구하지 않는 것이 사랑이니까요. 사랑은 모든 것의 이유이자 살아갈 수 있는 힘입니다. 젊었을 때 사랑을 안 해본 사람이 세월이 흘러 사랑을 한들 이미 그때의 사랑은 아닙니다. 지금의 사랑만이 있을 뿐이죠. 지금 이 순간의 사랑이 고귀하며 존중받을 수 있습니다. 기약 없는 내일로 미뤄두지 말아요. 오직 지금뿐입니다.

누군가를 사랑하고 있다는 것은 그 사람이 살아 있다는 증거입니다. 연인이나 친구를 사랑할 수도 있고, 가족을 사랑할 수도 있고, 인류를 사랑할 수도 있으며, 자기 자신을 사랑할 수도 있습니다. 사랑하는 대상이 누구건 내가 지금 사랑하고 있다는 사실이 중요합니다. 사랑하는 사람의 마음에는 세상에서 가장 소중하고 아름다운 마음이 있기 때문이에요. 이 세상에서 가장 값진 그 무엇과도 바꿀 수 없는 숭고한 가치가 담겨 있습니다.

독일의 철학자 막스 뮐러는 『독일인의 사랑』에서 다음과 같이 말했습니다.

"우주의 천체가 서로 당기고 기울고 영원한 인력의 법칙에 의해 서로 결합하는 것과 같이 천성인 인간의 마음도 서로 끌고 좋아하고 영원한 사랑의 법칙에 의해 결합돼 있다. 햇빛 없이 꽃은 필 수 없으며 사랑 없이 사람은 살아갈 수 없다."

사랑으로 인해 생명이 나타났고 그 생명으로 우리는 세상을 살아가고 있습니다. 지금 내가 누군가를 사랑하고 있다면 나는 생명을 불어넣고 있는 것입니다. 말을 하고 글을 쓴다는 것, 무언가를 구상하거나 만드는 것은 모두 사랑으로 인해 생명의 힘이 작동하는 것입니다. 사랑이 없을 때 우리는 아무런 의욕을 갖지 못합니다. 아무것도 하기 싫고 밖에 나가기도 싫고 세상 그 모든 것이 싫습니다. 나를 사랑한다면 나를 위해 무언가를 하겠죠. 남을 사랑한다면 남을 위해 무언가를 할 것입니다. 하지만 나에게 사랑이 없다면 무언가 하고 싶은

게 없다는 것이고 삶의 이유가 없는 것입니다. 하고 싶은 무언가가 있다면 나는 지금 누군가를 사랑하고 있다는 것입니다. 주변을 돌아봐도 아무도 없다고요? 바로 여기 있잖아요, 나 자신.

나를 사랑할 수 있는 사람이라야 다른 사람을 사랑할 수 있습니다. 내 부모를 사랑할 수 있는 사람이라야 이 세상 어른들을 사랑할 수 있고, 내 형제와 아내, 자식을 사랑할 수 있는 사람이라야 세상의 많은 사람을 사랑할 수 있습니다. 나와 가장 가까운 거리에 있는 존재들을 사랑할 수 없는데, 먼 거리에 있는 사람을 어떻게 사랑할 수 있겠어요. 심리적인 거리나 물리적인 거리 그중 무엇 하나라도 가까운 사람을 사랑할 수 있어야 합니다. 그것이 진짜 사랑입니다. 그게 아니라면 사랑을 도구로 무언가를 얻으려는 수작임에 분명합니다. 그래서 마더 테레사 수녀는 지금 내 눈앞에 보이는 저 한 사람이 인류이고, 한 번에 한 사람씩 사랑할 수 있다고 한 것입니다.

사랑하는 마음을 품은 사람의 몸에는 열기가 있고 손은 따스하며 말과 글에는 온기가 있습니다. 사랑이 있는 사람에게만 느껴지는 묘한 분위기와 아우라가 있습니다. 성인들에게 있는 아우라를 보통 후광이라고 하고요. 사랑이 있는 그런 사람에게는 사람을 끌어당기는 묘한 힘이 있습니다. 사람을 편안하게 하고 모든 근심 걱정을 내려놓게 하며 같은 공간 안에 있다는 것만으로도 기쁘고 행복해집니다. 심지어는 시간과 공간을 초월해 오랜 세월이 흐르고 전혀 다른 장소에 있어도 느낄 수 있습니다. 그래서 예수·붓다·공자·노자와 같은 성인들이 많은 사람에게 추앙을 받는 것입니다.

'나는 과연 오늘 하루 얼마큼 사랑을 했고 사랑을 받았는가?' 이런 기준으로 살아보는 것도 좋을 것 같습니다. 내가 살아 있는 이유는 사랑하고 사랑받기 위함이기 때문입니다. 사랑은 모든 존재의 실상이며 나를 살아 있게 하는 원천적인 동력이자 동기입니다. '왜 살아야 하는가?', '어떻게 살아야 하지?'와 같은 질문의 답도 결국은 사랑이라는 한 글자 안에 모두 담겨 있습니다. 그래서 '사람이 사랑하며 살아가는 것을 삶'이라고 한 것이죠.

막스 뮐러는 또 이렇게 말합니다.

"사랑은 어떤 측량 추를 사용한다 해도 밑바닥을 측정할 수 없는 깊은 우물이며, 영원히 마르지 않는 샘이다. 사랑에는 척도라는 것이 없고 크고 작음도 비교할 수 없다. 오직 온몸과 마음을 다하고 온 정성과 힘을 모두 기울여야만 사랑할 수 있다는 것을 깨닫게 된다."

"우리는 일어서기, 걷기, 말하기, 읽기 등을 배우지만 사랑하는 것을 가르쳐주는 사람은 아무도 없다. 사랑이란 우리의 생명처럼 탄생하면서부터 생겨난 것이다. 사랑은 우리 존재의 깊은 바탕이다."

삶에서 가장 중요한 사랑에 대해서는 제대로 가르쳐주는 사람도 장소도 없습니다. 이 이야기는 반대로 생각하면 모든 곳에서 사랑을 배울 수 있다는 말입니다. 어느 특정한 곳, 특별한 사람에게서 배우는 것이 사랑이 아닙니다. 어느 곳에 있든 누구와 있든 사랑을 할 수 있고 배울 수 있고 누릴 수 있다는 것입니다. 우리는 사랑으로 태어났고 사랑이 아니면 살 수 없고 사랑하기 때문에 더 열심히 삽니다. 그저 내 안에 있는 사랑을 발견하면 됩니다. 자기 안에 있는 사랑을 인

나오는 글

정해주고 있는 그대로의 사랑을 하면서 살면 됩니다. 사랑에 무슨 정답이 있겠어요. 그 자체가 논리로 설명할 수 없는 것인데 말이죠. 그래도 사랑에는 이해가 필요합니다. 나의 사랑이 나만의 사랑으로 끝나지 않고 우리 모두의 사랑이 되기 위해서는요. 그 길이 역사상 위대한 성인들이 걸어온 길입니다. 자기 안에서 사랑을 발견하고 그 사랑을 인류 보편의 가치로 실천했던 분들입니다.

'닥터 러브'라는 애칭을 가진 미국의 교육학자 레오 버스카글리아는 『살며, 사랑하며, 배우며』에서 다음과 같이 말합니다.

"단순히 존재하는 상태를 벗어나서 인간답게 살아야 합니다. 인생의 승자란 자기 삶을 사랑할 줄 아는 사람입니다."

우리는 보답을 바라기 때문에 사랑하는 게 아닙니다. 사랑하기 때문에 사랑하는 겁니다. 내가 나를 아끼고 사랑하는 것은 나로부터 무언가 혜택을 받기 위함이 아닙니다. 나니까 내가 나를 사랑하는 겁니다. 다른 사람들을 사랑하는 것도 마찬가지입니다. 내 소중한 사람이니까, 사랑하는 사람이니까 사랑하는 것입니다. 여기에 계산이 들어가고 대가를 바라기 시작하면서부터 삶은 뒤틀리고 꼬이는 것입니다. 내가 나를 사랑하는 것처럼 남을 사랑하며 산다면 우리의 삶은 감사와 행복으로 충만할 것입니다.

내가 만일 나를 사랑하고 내 삶을 사랑한다면 나는 지금 인간답게, 나답게 살아가는 것입니다.

인용 도서

강신주, 『매달린 절벽에서 손을 뗄 수 있는가?』, 동녘, 2014.

구가야 아키라, 『최고의 휴식』, 알에이치코리아, 2017.

김경희, 김명환 외 3명, 『카카오톡 STORY에서 배우는 삶의 지혜1』, 좋은땅, 2014.

김난도, 전미영 외 6명, 『트렌드 코리아 2018』 – 서울대 소비트렌드분석센터의 2018 전
   망, 미래의창, 2017.

김병완, 『1시간에 1권 퀀텀 독서법』, 청림출판, 2017.

김삼웅, 『백범 김구 평전』, 시대의창, 2014.

김영두, 『퇴계, 인간의 도리를 말하다』, 푸르메, 2011.

김종명, 『리더, 자기 생각에 속지 마라』, 에디터유한회사, 2017.

김지영, 『세계 명언집–고대에서 현재까지 동서 대표 인물들이 인류사에 남겨준 위대한 명
   언』, 브라운힐, 2015.

김진 엮음, 『너 자신을 혁명하라–함석헌 명상집』, 오늘의책, 2003.

김태호, 『행복건강관리 365』, 남벽수, 2012.

김혜숙, 『포스트모더니즘과 철학』, 이화여자대학교출판문화원, 1995.

나다니엘 브랜든, 김세진 역, 『자존감의 여섯 기둥』, 교양인, 2015.

노자, 김원중 역, 『노자』, 글항아리, 2013.

달라이 라마, 류시화 역, 『달라이 라마의 행복론』, 김영사, 2001.

달라이 라마, 『한국인을 위한 달라이 라마의 인생론』, 마음서재, 2017.

대니얼 길버트, 『무엇이 우리를 행복하게 하나?』, 하버드비즈니스리뷰(HBR), 2012.

도미니크 로로, 김성희 역, 『심플하게 산다 1』, 바다출판사, 2012.

디팩 초프라, 이현주 역, 『우주 리듬을 타라』, 산티, 2013.

레오 버스카글리아, 이은선 역, 『살며 사랑하며 배우며』, 홍익출판사, 2018.

레프 톨스토이, 『세 가지 질문』, 더클래식, 2017.

론다 번, 김우열 역, 『시크릿-수세기 동안 단 1%만이 알았던 부와 성공의 비밀』, 살림
　　Biz, 2007.

류시화, 『사랑하라 한 번도 상처받지 않은 것처럼』, 오래된미래, 2005.

막스 뮐러, 차경아 역, 『독일인의 사랑』, 문예출판사, 2015.

박삼수, 『논어 읽기』, 세창출판사, 2013.

박승주, 『내 인생의 명언사전』, 도서출판 그림책, 2015.

박재희, 『고전의 대문 1』, 김영사, 2016.

법구, 차평일, 라다크리슈난 역, 『마음의 향기를 품은 법구경』, 뜻이있는사람들, 2016.

법륜, 『반야심경 이야기』, 정토출판, 1995.

법정, 『텅 빈 충만』, 샘터사, 2001.

빅터 프랭클, 오승훈 역, 『의미를 향한 소리 없는 절규』, 청아출판사, 2017.

생명의 말씀사, 『굿데이성경 개역개정(신약)』, 생명의말씀사, 2011.

성철, 『성철 스님의 신심명 증도가 강설』, 장경각, 2015.

손기철, 『기적을 일으키는 믿음』, 규장, 2009.

윤홍균, 『자존감 수업』, 심플라이프, 2016.

이기동, 『대학 중용 강설』, 성균관대학교출판부, 2014.

이도현, 『나는 돼지농장으로 출근한다』, Smart Books, 2016.

이원복, 『동양 명언집』, 브라운힐, 2009.

이이, 이민수 역, 『격몽요결』, 을유문화사, 2003.

이현우, 『거절당하지 않는 힘』, 더난출판사, 2018.

임건순, 순자, 『절름발이 자라가 천 리를 간다』, 시대의창, 2015.

정공, 이기화 역, 『운명을 바꾸는 법』, 불광출판사. 2006.

정민, 『다산어록청상』, 푸르메, 2007.

정태혁, 『법구경과 바가바드 기타』, 정신세계사, 2009.

조성택, 미산 외 1명, 『인생 교과서 부처』, 21세기북스, 2015.

조운현, 『불교 인문학』, 좋은땅, 2017.

존 카밧진, 김교헌 역, 『마음챙김 명상과 자기 치유 상』, 학지사, 2017.

차경남, 『장자, 영혼의 치유자』, 미다스북스, 2012.

최인철, 『프레임』, 21세기북스, 2016.

최인호, 『유림 5 - 격물치지, 바름에 이르는 길』, 열림원, 2015.

최진석, 『생각하는 힘 - 노자 인문학』, 위즈덤하우스, 2015.

최태웅, 『노자의 도덕경』, 북팜, 2012.

카트린 클레망, 이원희 역, 『테오의 여행 1 - 신들의 세계로 떠나다』, 작가정신, 2013.

칼 세이건, 홍승수 역, 『코스모스』, 사이언스북스, 2006.

타가미 타이슈, 『붓다가 말하는 인간관계의 지혜』, 문예출판사, 2015.

퇴옹 성철, 『성철 스님의 신심명 증도가 강설』, 선문학의 정수, 장경각, 2015.

파울로 코엘료, 황중환 그림, 최정수 역, 『마크툽』, 자음과모음, 2016.

파울로 코엘료, 최정수 역, 『연금술사』, 문학동네, 2001.

프리드리히 니체, 시라토리 하루히코 외 2명 역, 『초역 니체의 말』, 삼호미디어, 2010.

프리초프 카프라, 김용정 외 1명 역, 『현대 물리학과 동양사상』, 범양사, 2010.

피천득, 『인연』, 샘터, 2002.

피터 싱어, 이재경 역, 『효율적 이타주의자』, 21세기북스, 2016.

한정주, 『율곡 인문학』, 다산초당, 2017.

함석헌, 『바가바드 기타』, 한길사, 2003.

홍승기, 『한국 철학 콘서트』, 민음사, 2012.

참고 도서

김상운, 『왓칭 1』, 정신세계사, 2011.

김호성, 『천수경 이야기』, 민족사, 1996.

대원 문재현, 『화엄경 1』, 문젠, 2016.

말콤 글래드웰, 노정태 역, 『아웃라이어』, 김영사, 2009.

미야모토 무사시, 안수경 역, 『미야모토 무사시의 오륜서』, 사과나무, 2004.

미하이 칙센트미하이, 이희재, 『몰입의 즐거움』, 해냄출판사, 2010.

바뤼흐 스피노자, 황태연 역, 『에티카』, 비홍출판사, 2014.

법륜, 『지금 여기 깨어 있기』, 정토출판, 2014.

붓다고사, 대림 역, 『청정도론』, 초기불전연구원, 2004.

비야사, 정승석 역, 『요가수트라 주석』, 소명출판, 2010.

빅터 프랭클, 이시형 역, 『죽음의 수용소에서』, 청아출판사, 2005.

사마천, 『사마천 사기』, 서울대학교출판부, 2007.

서산, 『선가귀감』, 법공양, 2007.

제임스 킹스랜드, 구승준 역, 『마음챙김이 만드는 뇌 혁명』, 조계종출판사, 2017.

프랑수아 를로르, 『꾸뻬 씨의 행복여행』, Yolimwon Publishing Group, 2004.

현각, 무산본각 역, 『오직 모를 뿐-숭산 대선사의 서한 가르침』, 물병자리, 2014.

있는
그대로
나답게

있는
그대로
나답게

도연 © 2018

초판 1쇄 인쇄일 | 2018년 7월 18일
초판 2쇄 발행일 | 2018년 8월 10일

지은이 | 도연 스님
펴낸이 | 사태희
디자인 | 엄세희
편　집 | 한승희
마케팅 | 최금순
제작인 | 이승욱 이대성

펴낸곳 | (주)특별한서재
출판등록 | 제2018-000085호
주　소 | 서울시 마포구 양화로 59 화승리버스텔 703호
전　화 | 02-3273-7878
팩　스 | 0505-832-0042
e-mail | specialbooks@naver.com
ISBN | 979-11-88912-24-7 (03100)